周濟（雪齋）著

諾貝爾交響樂

文史哲出版社印行

周雪齋詩集序

何志浩將軍

詩經大序曰：「詩者，志之所之也，在心爲志，發言爲詩。情動於中，而形於言。言之不足，故嗟歎之。嗟歎之不足，故詠歌之。詠歌之不足，不知手之舞之，足之蹈之也」。又曰：「動天地、感鬼神，莫近于詩」。詩爲心聲，觀詩可知政教之得失，民風之厚薄，喜怒哀樂情之所寄，興觀群怨意之所寓焉。詩之功用，蓋爲激發情感，振作風氣團結人心，懷抱忠愛，使讀之者精神昇華而入於純理性之生活者」。

周雪齋君，新詩人也。所作「宇宙交響曲」爲歌頌　蔣公聖哲，與蔣總統經國先生之志業也。所作「田園交響曲」，爲宣揚謝前副總統東閔先生輔弼政治之功也。所作「神農交響曲」，爲擁護李主席登輝先生競選副總統也。所作「復國交響曲」，爲光復大陸之前奏曲，志士仁人興於前，忠勇將士踵於後也。所作「黃埔軍魂」，爲讚美建國七十年辛亥雙十漢武演習之壯舉也。我武維揚，仁者無敵。所作「軍父頌」等篇，爲興懷臺灣復興基地之文化建設也。所作「龍族」諸章，爲報導臺灣復興基地之十大物質建設也。所作「歌我中華」乃萬民歡欣鼓舞之大合唱也，其有光華復旦之期望歟。最後殿以「醒獅」三十九首，作於六福村野生動物園之旅，有詩經風雅之遺意也。

此詩爲大時代之大樂章，異乎傳統詩作之格律，蓋必如此創作而後能暢所欲言，言盡其意也。或曰，詩貴蘊蓄，詩貴簡鍊，則詩之另一義也。論語爲政篇：「子曰：詩三百，一言以蔽之，曰，思無邪」。周君之詩，爲忠愛之作，所言無不明且盡者，蓋其爲用歸於使人得情性之正而已，故其志趣，亦曰「思無邪」也，是爲序。

七十五年七月十五日　於中國文化大學

雪齋學長

賡聞

學長朗誦大樂章大氣磅礡鼓吹
中興欽佩無已蒙贈國慶攝乙全集永
留紀念　謝謝！回贈説古詩乙冊，太湖觀月、
黃山觀松二首敬請
指教

弟何志浩　89.10.16.

自序

獻詩：獻給：

我的師友，我的親友，我的朋友，我的文友；
我的詩友，我的畫友，我的歌友，我的詞友；
我的筆友，我的軍友，我的教友，我的校友；

感恩：感謝：

生我、養我、教我、育我、訓我、練我；
協我、助我、親我、善我、美我、仁我；
愛我、恕我、智我、道我、德我、濟我。

諾貝爾交響樂 目錄

捌、歌我中華 141

作者簡介

家　世：周濟湖南長沙人，雪齋18.12.22.生於華容。書香家世，詩禮傳家，忠孝傳家。妻黃冉妹，女周南、周鳳、周華。

學　歷：黃埔23期、裝校32期、三軍大學、中國文藝學校、中國美術研究所、復興國學院、空中大學、外語學校、文協詩歌班、歌詞班、文化總會：文藝研究班26、27期、文建會、電視戲劇營第二期。

經　歷：排連長、參謀、教官、代科處長、委員常委。

長官同學：老長官老團長、蔣緯國將軍、蔣仲苓將軍。老同學高樹安、何文瑤編譯家，精誠精實、親愛精誠之典範。文協、作協、藝協、老莊、詩歌、漫畫會員。

服務經驗：服務精神：以誠愛熱、以公仁中、以智仁勇、以信愛望。服務經驗：以使命感、榮譽感、責任感、親切感、幽默感。想像力、創造力、計劃力、執行力、考核力、組織力、生產力。

興趣生活：詩歌漫畫：散文詩、朗誦詩、新聞詩、敘事詩、詩史史詩。社會漫畫、幽默漫畫、新聞漫畫、政治漫畫。歌詞詩歌、電影電視、文藝藝文。

理想抱負：爲國家立志、爲民族立命、爲文化繼絕學、爲萬世開太平。以三民主義統一中國、以民主自由均富統一中國。努力經營大臺灣建立新中原，復興新中國。

陸軍官校 23 期戰車兵科同學聯誼會

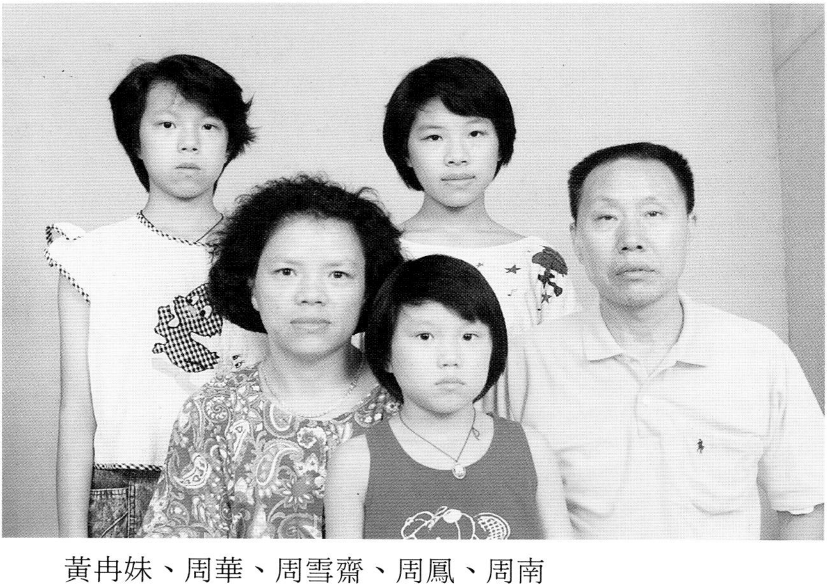

黃冉妹、周華、周雪齋、周鳳、周南

侄女周嬌娥、侄女周淑姣
哥哥周雲齋、嫂嫂陳玉珍

侄兒周愛群、劉耀明、嫂嫂陳玉珍
侄子周達群、吳　瓊

姪子周達群、吳瓊
姪孫周勇、周智

姪女周淑姣、曾國才、
外孫曾　和、曾　平。

姪兒周錫民、周錫章、周翠蘭……。

姐姐周舜英、侄王志超、淑君、淑輝（周梅英）（周連英）

姪女周淑姣武漢武鋼

老爲還客留長沙，平湖一望何處家？
天高難登親友遠，那得茱萸忍獨插。

錫民姪 1996 年重陽節詩

姪子周錫民
長沙公園

張道藩大師文集出版大會

陳立夫大師、宋時選老師、周濟

文藝界新春聯歡會

何志浩博士、周雪齋作者

中國作家、藝術家聯盟會展

攝影家、作家陳金桃、何志浩將軍、周雪齋朗誦

劉漢祥大師七秩大壽慶祝大會

劉漢祥大師七秩大壽慶祝大會台中英雄館

全國作家新春聯誼茶會

吳靜嫻電視明星、周雪齋作者

百年來中國文學大會

大陸吳祖光劇作家、周濟作者

作者周濟參加兩岸後現代文學會

香港中國文學學會訪問團台灣團團長丁平教授

中秋文藝聯誼袁暌九老師、鍾鼎文大師名女作家

世界華文作家大會作者周濟

周濟參加 15 屆世界詩人大會

新詩三百首慶祝會

周雪齋朗誦龍馬交響曲。

名詩人畫家楚戈、作者周濟

名詩人鄭愁予博士、作者周濟

周雪齋參加大會攝影

王祿松詩人、畫家、周雪齋作者

周濟於 1989 年參加世界詩人文化大會

周濟參加李總統、連副總統就任典禮

周濟參加李總統、連副總統就任典禮

魏子雲老師、許鄧璞老師、作者周雪齋

何志浩老師（中）、黃河老師（左）、作者（右）、
林素華同學（右）、張若蘭同學（左）

何志浩老師（中）、劉俠同學（右）、劉定國同學
（左）、作者周雪齋

生命之光聖誕老人遊行、作者

高行健大師作品發表會、作者

作者參加台北國際詩歌節詩學研討會

作者參觀歐豪年大師畫展館長高崇雲大師。

博士馬悅然教授、龍應台博士、高行健博士

馬悅然博士、作者周濟

世界和平，台灣發聲，作者

世界和平祈願嘉年華，作者

中國文藝協會暨中華民國新詩學會理事長王吉隆博，
作者。

蔣總統、蔣夫人，世紀之愛，作者

第 15 屆世界詩人大會宴會，簡漢生博士致詞，
王吉隆博士

鍾鼎文博士詩學演講

羅門博士詩學演講

余光中博士詩學演講

鍾雷老師、向明老師、張默老師

長官譚至剛、劉砷毅、劉漢祥先生夫人

恭賀蔣偉國上將八秩華誕

恭賀蔣緯國上將八秩華誕　劉漢祥君、郭俊君、張月君

恭賀蔣緯國上將八秩華誕

敬賀蔣緯國上將八秩華誕

漢丹、劉漢祥長官夫人八十嵩壽壽比南山

劉砷毅長官恭賀壽比南山

鍾雷老師、鍾鼎文老師、指導王祿松畫展

鍾鼎文老師頒發屈原獎

羅門老師屈原獎致詞

紀弦大師指導百年來中國文學學術研討會

2001 台北國際詩歌節、馬悅然大師、羅門大師……。

詩與聲音研討會
奚密、楊凱普林大師狄特・葛瑞夫……等詩人。

一個瑞典漢學家的中國台灣經驗。作者、馬悅然博士
諾貝爾文學獎評審。

李瑞騰博士、馬悅然博士、陳義芝詩人

諾貝爾化學獎李遠哲博士與作者。

諾貝爾文學獎高行健博士與作者。

鍾玲大師、奚密大師、沃克特大師、廖威浩大師、林耀福大師、周英雄大師

大家長龍請諾貝爾文學獎桂冠詩人沃克特大師簽名。

卡蘿・莫多大師、奚密大師、羅門大師、沃克特大師（諾貝爾文學獎）及鄭愁予大師。

周雪齋和周志宏參觀高行健畫展。

作者、台大教授學者專家朱經武博士、楊振寧博士、鄭教授博士。

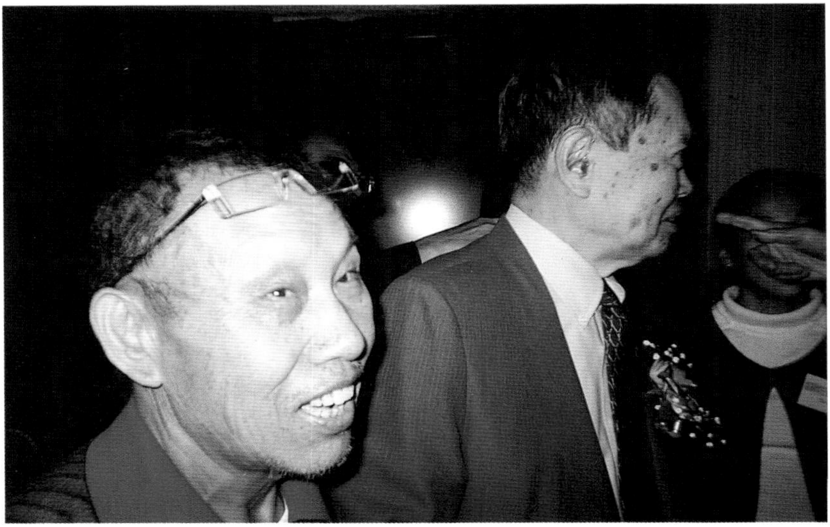

作者於楊振寧博士台大演講。

諾貝爾百年展李遠哲博士、作者

諾貝爾百年展，楊振寧博士、作者。

諾貝爾百年展李政道博士、作者。

諾貝爾百年展丁肇中博士、作者

諾貝爾百年展朱棣文、崔琦、作者。

神農交響曲

宇宙光輝的曙光，
世界光華的黎明，
浩浩的臺灣海峽，
峨峨的玉山雪霽，
巍巍的陽明春曉，
崇高的大屯春暉，
優美的臺北三芝，
浩蕩的淡水悠悠，
澎湃激昂，
天馬長嘯，
天宇地宙，
演奏神農交響曲之樂章。

光輝的民國十二年十一月二十九日，
總統誕生於風景幽雅的臺北淡水三芝，
茶香、稻香，芝蘭香，
幼年就讀於淡水，三芝小學，
少年考進淡水中學，行誼品學兼優，
青年考入臺北高等學校，
然後負笈東瀛，
考入京都大學深造，
抗日聖戰和平時，
回國就讀臺灣大學農學院，
研讀農業經濟學系，
學績優異，留校任教三年。

繼而赴美國愛荷華州立大學研究二年半，
歸國後進入省農林廳服務，
並應聘中國農村復興委員會，
獲得美國聯合獎學金，奉派赴美深造，
於五十七年獲得康乃爾大學農業經濟博士，
博士論文：「臺灣經濟發展與農工間資本移動問題」。
榮獲美國最佳博士論文獎。

六十一年出任行政院政務委員，
是當時青年才俊的閣員，
六十七年出任臺北市市長，
建立新市政，樹立新政風；
市民第一，市民優先。
展開臺北市現代化國際都市的理想，努力奮鬥！

七十年十二月出任臺灣省主席，
力行勤儉建家，勤儉建市精神，
實踐勤儉建省，勤儉建國精神。
全力推行省政建設現代化，
政治建設，力化民主憲政，
經濟建設，強化均富發展，
社會建設，力化安定安康，
文化建設，強化理性精神。

七十三年五月二十日出任副總統，
展開實質外交，訪問南非，
拜訪哥斯大黎加、孟赫總統，
慶賀烏拉圭、波塔總統就職。
訪問新加坡、李光耀總理、黃金輝總統、
林金山代總統。
建交國家：格瑞那達、頓比瑞亞、貝里絲，……。

務實外交：破冰之旅，跨國之旅，沙漠之旅。和平之旅…

總統以學人從政，
維護儒家書生本色，
待人忠厚，處事嚴謹，
思考慎密，不畏困難，
面對群眾，走向民間，
深入基層，往下紮根，
作風開明，風格開放，
實事求是，精益求精，
注重效率，前瞻策劃，
高瞻遠矚，守正不阿，
不慍不火，有守有為，
任勞任怨，平隱務實，
建設成果，光輝成效，
謀國襟懷，有智有勇，
仁愛之心，照耀四方，
博愛之心，普照八面。

總統是農業專家，
是行政專家，揮筆策劃，
規劃糧食政策，發展農村建設，
計劃農業機械化，推展農業運銷，
發展漁業農業，實施土地改革。

總統是企業家，
也是科學家，揮筆計劃，
策劃農民免納所得稅，
建立農會制度，改進農田水利，
創立農村金融體系，
革除肥料換谷制度，
訂定平均地權範例，
擬訂農業發展條例。

昇華臺北市國際大都市的現代化，
提昇臺北市捷運系統的科學化，地鐵的
加速化，
都市的綠化美化，新國宅社區的強化，
文化中心文化建設的藝術化，
國際交流的力化，國民外交的動化。

總統是宗教家，
也是儒農家，揮筆設計，
開創農村新貌，
恢復農民信心，
擴大農產品保價收購，
開展農產品促銷活動。
創造農產品促銷活動。
創造農業建設大軍，
指揮八萬農業大軍，
提倡農業復興運動。

總統是基督徒，也是苦行僧，
以「信、愛、望」的精神，光輝人間，
以「誠、愛、度」的精神，光輝大地。
小提琴家演奏：劍膽琴心的幸福家庭。
大鋼琴家演奏：琴瑟和鳴的美滿家庭。
揮筆計劃，經建五大發展藍圖，
建設我們現代化服務業的社會，
發展我們中國化資訊化的社會，
建立我們高生活素質的社會，
發展我們多元化文明的社會。

揮劍挑戰，迎接我們的未來：
培養長期的策略性思考，
落實自由化與國際化，
厚植競爭的優勢基礎，
重振企業的創業精神，
提昇人力資源的素質，

邁向專業化的管理，建立八萬農業大軍，
建立文化藝術大軍。

總統是哲學家，也是藝術家，
一個信念：真實自然，奉獻毋我。
一個境界：明鏡止水，無我無私。
一個原則：誠、公、廉、能。
一座右銘：服務、奉獻。
以佈道家的精神，把愛散播全球，
以傳道家的精神，將愛照亮世界。
以哲學家的精神，把善照耀宇宙，
以藝術家的精神，將美光耀天下。
我不上十字架，誰上十字架？
我們不造人間天堂，誰來造人間天堂？
高擎十字架，點亮聖火，前進！邁進！
犧牲享受，享受犧牲，
服務奉獻，奉獻服務，
為中華文化，為中國歷史，
奮鬥！奮鬥！愛國心！
歷史沒有拋棄臺灣！
臺灣怎能拋棄歷史！
戰鬥！戰鬥！歷史感！

神農的傳人啊！
金龍的傳人啊！
龍的傳人啊！
登高攬揆匡農政，
輝遠貽謀裕國基。
立德以宗教家的精神，
立功以政治家的精神，
立言以農業家的精神。

以博愛的忠愛，
以民主的仁愛，

引導我們全中國的民心，
指導我們全中國的士心，
力行臺灣之父　經國先生遺志：
堅守反共復國決策，
積極推行民主憲政，
加速完成光復大陸，
團結一致奮鬥到底。
大家跟隨我們全中國的領導中心，
李總統登輝先生前進！邁進！
李副總統元簇先生前進！前進！
高擎白日青天，前進！邁進！
以民主自由均富統一中國！
以三民主義統一中國！
三民主義統一中國勝利！
三民主義統一中國成功！
三民主義統一中國永恆！

（第十五屆世界詩人大會分送周濟）

龍族交響曲

長江滔滔熱血奔流，黃河滔滔熱血湧流。
洞庭浩浩熱情激流，鄱陽湯湯熱情激揚。
平江悠悠熱愛奔放，長沙悠悠熱愛豪放。
長城萬里人潮朝陽，衡山千峰雲海日出。
中華民族團結奮鬥，中華民族和平奮鬥。
火牛復國，天馬愛國，
龍飛鳳舞，龍吟鳳鳴。
國泰民安，風調雨順。
地宙天宇，演奏龍族交響之樂章。

輝煌的中華民國十二年九月二十四日，副總統李元簇先生誕生於風景幽美的湖南平江。

汨羅屈子，楚辭文風，龍舟競渡，離騷行吟。

岳陽樓記，先憂後樂，高憂其民，遠憂其君。

洞庭魚米，湘資沅澧，千年學府，嶽麓書院。

先生、學績優異，勤奮篤學，秉性沉靜。

幼年畢業于懋通小學，平江會考榮獲第一名。

少年畢業于國立十一中學，湖南高中會考榮獲冠軍。

青年畢業于政大法政系，高考司法官全
國第一名。
壯年畢業于西德波昂大學，
潛心研究法制和法哲。
五十二年春榮獲法學博士，
六十四年春榮獲韓國成均館大學名譽政
治博士，
六十五年春榮獲韓國漢陽大學名譽法學
博士。

民國三五年，響應　領袖號召，奔向新
疆作邊疆屯墾員。
民國三七年至四七年，服務司法界，
任高雄、新竹、臺中、臺北等地方法院
推事。
任臺灣高等法院推事。
民國四三年調任臺灣保安司令部軍法處

處長。
崇法務實，廉能公正，民眾愛戴。
公正廉明，脱靴留任，今包青天。
劉自然案，公正廉明，元首嘉許。
民國五七年，由德學成歸國。
中央日報擔任主筆，撰寫社論短評，立
論客觀創意。
任國防部法規司、法制司司長，整理國
防法規。
民國六十年經國院長，調任行政院顧問、
主委，
一年內完成全國中央及地方法規修訂。
榮獲蔣總統頒授四等景星勳章。
民國六二年，任政大校長，三年服務，
三年奉獻，
發揮育才建國方針，發揮踐履篤實精神，
力化所系，強化師資，電化教學，昇化

研究，
力行導師制，關懷學生生活。國際風雲
千變萬化，
政大師生，莊敬自強，處變不驚，光大
傳統精神。

民國六六年，任教育部長，
兼中國國民黨知識青年黨部主委，
暨中國童子軍總會理事長。
任中國青年反共救國團主任。
全心全力努力全國教育興革，
強化大專教師素質，力化知識青年水準，
勵化教師進修，建立教學醫院制度，
進化國中國小課程，善化國中國小衛生
照明設備。
大力取締惡性補習，愛心教育正常化。
全力全心奮力全國文化建設，國家十項
建設。
愛心籌建中央圖書館新館，各縣市文化
中心。
善心興建國家劇院于中正（紀念堂）文
化中心，
美心創建國家音樂廳于中正（紀念堂）
文化中心。
讓社會教育開花結果。

民國六七年，掌司法行政部長，
民國六九年，任法務部長，
六年服務，六年奉獻，
革新司法行政，健全司法組織，
提高司法人員素質，整飭司法風紀，
完善司法制度，完美司法官優遇制度。
完成法制人員訓練，完美法律諮詢釋答。
圓滿國家賠償制度之建立。

修訂不合時宜法規之法制。
選任辯護人制度，保障人權。

民國七三年，回任政大教授，
聘任國策顧問，崇尚儒家人文之美，
人格之美，淡泊名利，
湘騾精神，剛毅耿直，
鐵血精神，實幹樂幹，
忠誠風格，公正廉明，
中道精神，忠勤廉能，
務實作風，實事求是，
克苦自勵，精益求精。
剛柔並齊，文武全才。

民國七七年，任總統府秘書長，
人文之美：堅苦卓絕，
實踐力行，劍及履及，

嚴謹剛毅，恩威並濟。
先生處世三大性格：
發揮湖南人性格，
發揮法律人性格，
發揮西德人性格，
先生為政三大精神：
發揚湖南騾子精神，
發揚仁愛教育精神，
發揚刻苦自勵精神。
先生淡泊明志：
嚴守分際，言行有守，
進退有據，能放能收。
先生忠誠明志：
忠誠精實，崇法務實，
盡忠報國，忠黨愛國。
先生中道明志：
中和之道，中庸之道。

中正之道，中華之道。
中道哲學，正道修養，
王道政治，仁道社會，
公道天下，同道世界。

民國七九年，
總統　李登輝先生提名：
副總統李元簇先生候選人，
國民大會選舉，先生高票當選，
中華民國第八任副總統。
先生高風亮節：
學問淵博，體力充沛，
志節堅貞，風格清越。
忠愛黨國，輔佐元首。
民國八十年，
先生務實外交；
訪問中美州三國，博愛之旅，
參加中美州六國，副總統高峰會議。
開創中美州經濟援助。
我國務實外交成果豐收。
民國八十一年，八十二年，
先生救國理念：
立足臺灣，放眼神州，胸懷世界。
復興臺灣，光復大陸，開創世界。
臺灣經驗，大陸資源，開發世界。
民主自由，和平演進，開放世界。
三民主義，五權憲法，開展世界。
民國八十三年，八十四年，
先生生命之道：
生命之體，生命之舟。
出入相友，守望相助。
疾病相扶，休戚相關。

敦親睦族，百姓親睦。
同心同德，一心一德。
民主革新，團結奮鬥。
建設臺灣，再造中華。
划向民主國家之道。
划向福利國家之道。
划向國家統一之道。
划向國際化之大道。
划向民主化之大道。
划向民意化之大道。
划向現代化之大道。
生活之目的在增進人類全體的生活。
生命之意義在創造宇宙繼起的生命。
建立大中華生命共同體！
龍族的傳人啊！
立言以法學家精神。

立功以政治家精神。
立德以道德家精神。
大家親愛精誠，團結奮鬥。跟隨
李總統登輝先生前進！前進！
李副總統元簇先生前進！前進！
以三民主義和平統一中國！
以五權憲法和平統一中國！
以民主自由均富和平統一中國！

中國文藝協會會員
中華民國新詩學會會員
中華民國漫畫學會會員
中華民國老莊學會會員
中華民國作家協會會員
中國作家藝術家聯盟會員

（周濟雪霽第十五屆世界詩人大會分發）

宇宙交響曲

東方燦爛的黎明，
天方燦美的微曦，
大地絢麗的晨曦，
春天壯麗的朝陽。
浩蕩的浙江，
巍峨的四明，
西山千丈岩的大瀑布
澎湃吟嘯，
萬馬長嘯，
萬馬奔騰，
萬馬收京！
雪竇寺的悅耳鐘聲，

悠揚山海雲霄，
天宇大宙演奏，
宇宙交響樂章！
光輝燦爛的民國紀元前二年三月十八日
偉人誕生在山明水秀的聖域。
幽美的奉化縣，
是人傑地靈，
是靈山清泉。
您！
幼受仁慈博愛的慈母薰陶，
您！

幼受剛毅耐勞的嚴父庭訓，
您有賢能的謝東閔先生輔助。
您有賢明的李登輝先生弼助。
您有英明的蔣緯國將軍協助。
初學在武山、龍津、萬竹小學，
再學於海外浦東中學，
教師周　東先賢教導，
名師顧清廉先賢教導，
賢師王歐聲先賢教授，
名師吳敬恆先聖教授，
繼而立志留學俄國，
求學於孫逸仙大學，
然後研習於列寧學院，
研究於中央政治研究院，
您！
手著「冰天雪地」一書，
描寫留俄慘狀；

睡過垃圾箱，
睡過養豬槽，
做過大兵，
做過工人，
做過農夫，
睡過黃金礦床，
幹騎兵、幹海軍、幹空軍及副總工程師
實行：于　謙詩詞：
「千錘萬鍊出深山，
烈火坑中走一番；
粉骨碎身都不管，
要留清白在人間。」
回國後專心研讀中國歷史哲學，
發揚中華文化，光大　國父遺教。
您！
向革命的大道邁進，邁進！

您！
創造三民主義的新贛南的藍圖，
高擎新人生觀的火炬，
愛、美、笑、力、照耀新贛南。
建設新贛南。
人人有工作，
人人有飯吃，
人人有衣穿，
人人有書讀。
新贛南，
蔣專員，
蔣青天！
抗日戰爭時代的巨輪向前推進，
總裁號召全國知識青年從軍，
一寸山河一寸血！
十萬青年十萬軍！
全國青年團結在青天白日的旗幟下。
八年血戰，
日寇投誠，
臺灣光復，
日本投降，
抗戰勝利，
光復臺澎。
中俄談判，
俄寇野心勃勃，
史魔，
沙皇的史魔，
地圖，
沙皇的地圖，
黑線，
沙皇的黑線！
日本無條件投降，
中國積極進行接收東北，

俄國無恥的阻撓國軍接收，
馬林斯基是個無恥的傢伙！
您！
寫下「痛定思痛」一書中，
「五百零四小時」的篇章，
您，
手著：「我的父親」一書裡，
史魔詭計多端，
史魔陰險狠毒，
離間中美邦交與友誼。
您！
手著：「滬濱日記」，
上海展開經濟作戰，
改革幣制的方案，
撲滅黑市的辦法，
猛打上海財閥虎。

您！
身繫國家安危，
民族的存亡，
民國三八年正是中華民族，
危急存亡之秋，
國家命運似黑夜孤舟，
奮鬥在汪洋大海，
狂風暴雨中！
您！
出現在最危險的空間，
而有金門古寧頭大捷！
您！
出現在最危險的時間，
而有金門八二三砲戰勝利！
您喲！
一生在憂傷創痛中煎熬，
殷憂啓賢，

多難興邦！
您喲！
最瞭解民間疾苦，
也最關心民瘼，
憂民之憂，
樂民之樂！
苦兵之苦，
樂兵之樂！
您喲！
先天下之憂人憂，
後天下之樂人樂！
是您！
領導中國青年反共抗俄大團結，
醒獅！
中國要是古希臘，
臺灣就是斯巴達！
雄獅！

中國要是德意志，
臺灣就是普魯士！
幼獅！
到軍中去！
到前線去！
到碉堡去！

中華民國四十一年十月卅一日，
日子是個光輝的日子，
時代是個偉大的時代，
青年的熱、力、光，
集合起來，
青年的血、汗、淚，
匯合起來。
中華民族最優秀的男女
團結在，
中國青年反共救國團旗幟下，

匯合成，
中國愛國青年第三次大團結！
是您，
創立政戰制度發揚精神戰力，
激揚三軍士氣，
充沛國防戰力，
是您，
倡導：「克難運動」，
選拔克難英雄，
選拔戰鬥英雄！
倡導：「毋忘在莒運動」，
選拔克難英雄，
選拔戰鬥英雄！
倡導：「毋忘在莒運動」，
選拔莒光連隊，
選拔國軍英雄！
是您！

革新政風正肅官箴，
提倡十項革新指示。
您，
五次訪美的「和平的歷程」，
您，
向全世界宣言：
中國只有一個中國，
那就是中華民國！
中華民國的目標，
是反攻大陸！
是光復大陸！
力行，
國民革命再北伐的革命任務，
實踐，
中華民國再統一的時代使命。
您，偉大的風範，

忠孝雙全，
孝悌忠信，
禮義廉恥，
孝思孝行。
「風雨中的寧靜」，
「勝利之路」的卓見，
「守父靈一月記」，
「梅台思親」，
「領袖、慈父、嚴師」，
「其介如石」、「風木孝思」，
「思親、勵志、報國」及「難忘的一年」，
「回顧苦難而充滿希望的五年」。「成
功之道」！
表現大忠大孝、至情至性、至聖至賢。
您！
頂天立地，繼往開來！

您的詩心，
為中國立心！
您的詩命，
為民族立命！
您的詩學，
為往聖繼絕學，
您的詩運，
為萬世開太平。

您與我們九億同胞同在，
同奮鬥！
您與我們　總裁同在，
同奮鬥！
您與我們　國父同在，
同奮鬥！
您與我們歷史上往聖先賢先烈先哲同在
同奮鬥！

「以國家興亡為己任」，
「置個人生死於度外」。
您！
啓動十大建設的乾坤飛輪，
您，
發動　十四大建設的天地引擎，
我們全民演奏宇宙交響樂章！
您！
挑起救國救民的大擔，
負起建國復國的重任。
我們鐵肩擔道義，奔向勝利之路！
提筆上陣，
迎接戰鬥。
我們一切為戰鬥，
一切為勝利！
我們為勝利而生，
為成功而存。

您是，
青年的導師，
農民的助手，
漁民的朋友，
工人的伙伴，
敬老而尊賢，
德惠照慈幼。
您是，傑出的新聞記者，
風趣幽默的政治家，
創造奇蹟的經濟家，
向砲聲前進的軍事家，
松竹梅蘭的國畫家。

您是，
中國絢麗的日出，
您是，
中華民族的春陽！

您是，
金龍頭燦爛的日出，
您是，
中華民國的朝陽！
我們擁護您！
我們敬愛您！
我們服從您的領導，
我們跟隨您，前進！前進！
向大陸進軍，
文化向大陸進軍！
政治向大陸進軍！
經濟向大陸進軍！
軍事向大陸進軍！
文藝向大陸進軍！
復興！復興！三民主義統一中國！
勝利！勝利！三民主義統一中國！
成功！成功！三民主義統一中國！
（中華民國第六任總統副總統就職典禮時　周濟於澎防部）

田園交響曲

天宇燦爛的微曦，
大地絢麗的晨曦，
浩浩的臺灣海洋，
巍巍的玉山雪景，
壯麗的八掛天風，
優美的彰化二水，
奔騰澎湃，
萬馬長嘯！
天宇大宙，
演奏田園交響樂章。
燦美的民國紀元前四年、二月八日，

主席誕生在山明水秀二水，
幼年就讀二水公學，
繼入臺中一中學習，
您！
少懷壯志，
不畏邪暴，
您！
立志雪恥，
負笈祖國，
民國十四年由日本潛返華夏，
初研讀上海東吳大學。

北伐軍興，
您！
嚮往革命，
南下廣州，
再研讀於　國父所創的中山大學，
以工讀完成學業，
學業專精，
留校講學。
抗日軍興，
是您！
策動臺胞抗日，
勳勞甚著，
臺灣光復，
是您！
接長高雄縣，
從事革命垂三十年，
建樹良多！

是您！
創辦實踐家專，
發揚齊家美德，
長議長九年，
任副議長六年，
推進社會建設，
發展民主憲政。
是您！
以一個目標，如一條根幹。
建設臺灣為三民主義的模範省，
以兩個計劃，如二片葉：
增加財富，消滅貧窮。
以四個重點，如四朵花：
「行政求革新，
社會求均富，
經濟求發展，
文化求向下紮根」，

向上開花！

是您！
發揚毋忘在莒精神，
發揚團隊精神，
掃除政治貪污：
臺灣！政治民主，
臺灣！社會繁華，
臺灣！生活安定，
臺灣！環境乾淨。

您！
勤政愛民，
儉樸平實，
克己待人。
是您！
推行：「小康計劃」，

徹底消除髒亂，
是您！
提倡：「客廳即工廠」，
改善：「化雜草為牧草」，
推展：「媽媽教室」，
是您！
勉勵人人用腦，
鼓勵人人動手，
開發人力、土地、資源，
增加國民收入及財富。

您喲！
破除迷信，改善民俗，
提倡婚嫁：「一金兩箱」風尚。
您喲！
不畏邪暴的膽識、魄力，
不懼艱難的堅毅、平實。

您喲！
萬能的手，
中華民族的希望，
萬能的手，
中華民國的光輝！
是您！
播種文化之華，
扶植教育之花，
採摘民意之果，
收獲行政之穗，
輻射政黨之光！

您有！
忠愛的愛心，
輔弼的壯志，
帶領！
我們金、馬、臺、澎的民心，
引領！
我們臺、澎、金、馬的士心，
跟隨　蔣總統經國先生
打回大陸去！
跟隨　蔣總統經國先生，
光復我神州！
光復我華夏！
光復我大陸！
光復我國土！
光復我河山！
光復我中華！
三民主義統一中國！
四海同心重建家園！

（中華民國第六任總統副總統就職
典禮時　周濟於澎防部）

復國交響曲

我們是忠孝仁愛的炎黃子孫，
我們是信義和平的革命青年，
我們是禮義廉恥的正義武士，
我們是三民主義的愛國英雄。
看！
颯鐵的長城，
反共的隊伍，
如海上長城的鐵流，
跨過澎湃的海峽。
突破迂迴，
用機甲的鐵靴，
翻過崎嶇的山崗。
奇襲機動，
用飛揚的履帶，
越過蒼茫的平原，
包圍殲滅，
用高速的飛輪，
飛越荒涼的沙漠。
挺進攻擊，
用強大的火網，
熔化冰封的大地，
鑽隙分割，

用靈活的通信，
分割惡魔的陣地。

我們的革新裏，
要打倒敗字，
我們的動員中，
要打倒停字，
我們的戰鬥裏，
要打倒難字。

我們要飛渡臺灣海峽，
我們要躍馬黑龍江、黃河、長江、珠江，
我們要驅車天山、崑崙山、喜馬拉雅山。
我們要效法民族英雄的精神：
毋忘在莒的田單，貞忠志節的屈原。
忠義千秋的關羽。
捍衛邊疆的李廣，
安內攘外的李靖。
馬革裹屍的馬援，
投筆從戎的班超。
精忠報國的岳飛，
大建奇功的郭子儀。
屢平倭患的戚繼光，
高風亮節的蘇　武。
驅荷復明的鄭成功，
臥薪嘗膽的勾　踐。
光復南京，
攻克北平，
殲滅敵人。

我們要效法革命先烈的精神：
創造國旗的陸皓東，
鑑湖女俠的秋　瑾，
青年之神的鄒　容，

輝煌歷史的趙　聲，
從容就義的林覺民，
復興民族的黃　興，
政黨政治的宋教仁，
護國起義的蔡　鍔，
成仁起義的陳其美，
國爾忘家的胡漢民。
大湖英烈的羅福星。
我們要效法抗日英雄：
盧溝橋抗日的吉星文，
江陰平江艦的高憲申，
筧橋殲敵的高志航，
威鎮百靈的湯恩佰，
堅守四行的謝晉元，
臺兒莊大捷的王冠五，
崑崙殲仇的徐庭瑤，
廣濟殲敵的白崇禧，

英烈千秋的張自忠，
長沙第一次大捷的陳誠，薛岳，
長沙第二、三、四次大捷的薛岳，
隴海成仁的李家鈺，
仰光忠義的齊學啓，
南崁殲敵的唐守治，
龍潭司殲寇的周志道，
田家渡喋血的霍世才，
瓦魯班大捷的趙振宇，
游擊戰勝敵的黃百器，
情報戰超敵的戴笠，
外交戰勝俄的蔣經國先生，
南京軍校受降的何應欽，
杭州轄區受降的顧祝同。
呈獻抗戰成果的冷欣。
我們要效法反共英雄：

龍岡成仁的張輝瓚，
廣昌起義的胡祖玉，
蛟湖報國的李明上，
安東大捷的李運成，
徐蚌殉國的邱清泉，
光復贛州的周至柔，
碾莊成仁的黃百韜，
登步島大捷的石覺，
金門之熊的胡克華，楊展，周名琴。
八二三砲戰的胡璉，郝柏村、葉昌焴。
一江山忠魂的王生明，
光復延安的胡宗南。
空中英雄的陳懷生，
浩氣長存的阮寶珊，
碩士連長汪國楨，
博士營長吳東明，
軍校校長羅友倫、秦祖熙。

黃埔校長黃幸強、黃耀羽。
軍校校長湯元普、胡家麒、馬登鶴。
裝校校長楊德智、羅文山、胡允武、霍守業、王福安、岳　天、毛道恪、李其賢。

我們要學習國軍英雄：
戰鬥英雄，
實踐楷模，
愛民典型，
修護楷模，
克難英雄，
創造典型，
國軍政士，
莒光連隊，
莒光機隊，
莒光艦隊！

發揚民族精神，
明恥教戰。
發揮先烈精神，
雪恥復國。
殲滅敵人！
解救同胞。

實踐　先總統訓示：
三分軍事、七分政治：
組織戰、政治戰、社會戰、謀略戰、
心理戰、宣傳戰、破壞戰、情報戰。

三分敵前、七分敵後：
索搜、警戒、偵察、連絡、
掩護、觀測、保防、應變……。
三分物理、七分心理：
攻心為上、攻城為下，

心理為先、物理為後，
未制其人，先收其心，
未復其地，先有其民。
三分會戰行動，七分間接路線：
以寡擊眾，以弱擊強；
避實擊虛，聲東擊西；
乘虛踏隙，滲透鑽隙；
大膽迂迴，遠程挺進；
爭取外線，發展敵後。
發揚毋忘在莒運動精神。
發揮文藝十二精神。

貫澈政治作戰要領：
保防、應變、交通、情報、組織、管制、
發揚無時不政、無地不政、無人不政的
效果。

加強軍事作戰要領：

欺敵、奇襲、迂迴……。
發揚無時不戰、無地不戰、無人不戰的
要求。
恪遵　國父遺教：
發揚以仁為體，以行為用，以仁存心。
實行三民主義的民族、民權、民生；
實踐三民主義的自由、平等、博愛；
實現三民主義的倫理、民主、科學；
實施三民主義的民有、民治、民享。

遵照　領袖訓詞：
養成智、信、仁、勇、嚴的武德標準；
磨勵定、靜、安、慮、得的精神修養；
實踐危、微、精、一、中的修養工夫；
貫澈以愛為出發點，
以仁為中心，
以戰止戰的仁愛戰爭論。

我們是以少勝多的革命隊伍，
我們是以寡擊眾的革命戰術，
我們是以快制慢的革命戰鬥，
我們是以弱擊強的革命戰略。
跨海洋、越山崗、浴沙漠、宿莽林，
遭敵人蹂躪的山河，
更在憤怒咆哮！
我們不能再坐視，
我們不能再等待，
我們不能再彷徨！
我們五十餘年的反共抗俄，
我們五十餘年的毋忘在莒，
我們五十餘年的臥薪嚐膽，
我們的戰力已堅強！
看！
我們在　蔣總統經國先生的精神指揮下，

　　李總統登輝先生的精神指揮下，
聽！
我們在　蔣總統經國先生的精神指揮下，
　　李總統登輝先生的精神指揮下，
黨、政、軍、民齊反攻，向大陸進軍！
我們要莊敬自強，團結奮鬥。
三民主義向大陸進軍，
三民文化向大陸進軍，
三民政治向大陸進軍，
三民經濟向大陸進軍，
三民教育向大陸進軍，
三民軍事向大陸進軍，
三民宗教向大陸進軍，
三民文藝向大陸進軍，
我們要
再北伐，
打倒赤色軍閥。

再統一，
光復大陸！
光復大陸！
我們要
再抗戰，
超平原、過江河、飲冰雪、吞風沙，
創造奇蹟，光復河山。

發揚歷史傳統：
實行格物、致知、誠意、正心、修身，
齊家、治國、平天下的政治哲學。
復興中華文化：
實行三民主義的民族、民權、民生；
倫理、民主、科學。
光輝一貫道統：
堯、舜、禹、湯、文武；
周公、孔子、國父、總裁聖聖傳統之大

道。

同志們！
是時候了，
我們誓師打回大陸去！
抗暴英雄在大陸響應，
愛國僑胞在海外支援，
革命志士在先頭領導，
我們只許成功，
我們不能失敗！

同志們！戰士們！
我們要堅定革命立場，
我們要堅定革命決心，
我們有必勝信心。
同志們！戰士們！
走向反共成功的大道，
走向反攻勝利的大道，
走向復國建國的大道，
走向天下為公的大道！

黑暗的大陸鐵幕裏苦難的同胞，
正在痛苦呻吟哀號！
打倒赤色軍閥。
再勝利，
復興中華！
復興中華！
三民主義統一中國勝利！
三民主義統一中國成功！
三民主義統一中國萬歲！

（中華民國七十年九三軍人節　周濟）

黃埔軍魂——建國七十年辛亥雙十漢武演習

總統府頌

總統府！您是，
三民主義的聖火台，
國民革命的聖火炬，
反共復國的指揮塔。

總統府！您是，
自由中國的自由之神，
自由亞洲的反共堡壘，
自由世界的民主燈塔。

總統府！您是，
中華民國的軒轅車，
中華民族的救生船，
中華文化的金搖籃。

總統府！您是，
民族、民權、民生的播種者，
民有、民治、民享的耕耘者，
倫理、民主、科學的培植者。

總統府！您是，
世界大同的和平神，
人類和平的自由神，中國富強的幸福神。

國慶閱兵

看喲！
活動的綠色車長城，萬里長，
運動的白色的艦長城，萬里長，
機動的藍色的機長城，萬里長，
跑動的黃色的鐵長城，萬里長。

聽啊！
春雷的國防樂隊，樂聲雷動，
春電的陸軍樂隊，歌聲高昂，
春風的海軍樂隊，音樂悠揚，
春花的空軍樂隊，號聲嘹亮。

瞧呀！
地面分列式，
車聲轟轟，
氣壯山河，
空中分列式，
機聲隆隆，
壯志凌雲。

數呵！
我們有六千多萬精銳勁練的國軍，
我們有兩百多萬動員戰鬥的後備軍，
我們有一千八百萬反共復國的同胞，
我們有十億反共抗俄的同胞。

團結、動員、戰鬥、
中華兒女，不屈不撓。

動員、戰鬥、革新，
炎黃子孫，無畏無懼。
自由、獨立、民主，

國民革命的新國家。
富強、康樂、統一，
三民主義的新中國。
大漢的戰士，
團結、奮鬥、戰鬥，
以國家興亡為己任，
置個人死生於度外。

我們是實踐三民主義的楨幹，
我們是光復大陸國土的前驅，
我們是復興民族文化的尖兵，
我們是堅守民主陣容的志士。

黃埔幼苗

中正預校，
革命新力軍，
黃埔革命幼苗，
是文校中武校，
是軍校中文校。

黃埔精神的繼承者，
左營精神的發揚者，
崗山精神的發揮者，
鳳山精神的昇華者，
筧橋精神的保持者，
復興崗精神的闡揚者。

是軍校中的文校，
是文校中的武校，
黃埔革命的幼苗，
革命生力軍，
中正預校。

黃埔軍魂

黃埔軍魂，
五大信念，
主義、領袖、國家、責任、榮譽。
反攻的主力，復國的先鋒。
反共的怒潮，
建國的中堅。

黃埔精神，
親愛精誠，
犧牲、負責、團結，
革命的軍魂。

黃埔健兒，
陸軍環寶，
主義的鬥士，

領袖的子弟，
國家的干城，
民族的長城。

黃埔戰士，
文武合一，
革命的幼苗，
反共的志士，
復國的貞忠，
建國的英雄。
我們是八百壯士謝晉元將軍的後起之秀。
我們是萬馬收京馬安瀾上將的優秀子民。
我們是躍馬中原郝柏村上將的優秀子民。
我們是萬馬復國蔣仲苓上將的優秀子民。

海軍戰艦

海軍鬥士，

無敵艦隊，
聖戰的先鋒，
海戰的主力，
渡海的前鋒，
登陸的橋樑。

戰艦的戰士，
國防的長城，
義務的外交家，
國民外交的志士。
國際性的軍種，
海上的長城。

海軍健兒，
遨遊四海，
雄視三洋，
同舟相濟，

萬眾一心，
學術的軍種，
文韜武略，
允文允武，
方帽子加鋼盔，
科學的驕子，海權論的權威。

海軍幼苗，
乘風波浪，鵬程萬里。
三民主義的武官，
國民革命的武士，
反共復國的革命洪濤，
雪恥復國的中流砥柱。
我們是江陰平海艦高憲申的後起之秀。
我們是二鄭皇皇鄒堅上將的優秀子民。
我們是海上長城的宋長志上將的優秀子民。

筧橋勇士

國父遺志，
航空救國，
創校於南京，
以救國救民。

領袖指示，
建校杭州的筧橋，
建立我國軍，
先建立空軍。

七七抗戰，
遷校雲南的昆明，
發揮筧橋精神，
爭取抗戰勝利。

共軍叛國，
建校崗山，
筧橋勇士，
太空鑰匙，
時代英雄，
科學結晶，
火箭專家，
筧橋武士，
太空的主人，
方帽子加鋼盔，
現代天之驕子。

筧橋勇士，
三民主義的空中騎士，
反共復國的空中勇士。
以寡擊眾的革命戰術，
以少勝多的筧橋精神，

發揚八一四的抗敵精神，
發揚八二三的殲敵精神。
我們是筧橋英烈高志航的後起之秀，
我們是晴空萬里司徒福的優秀子民。
我們是天馬行空的烏越上將的優秀子民。

復興武德

復興崗！
復興武德，
復興大漢武德，
復興中華文化，
文武合一的教育，
軍政合一的政策，
政教合一的制度，
建教合一的精神，
知行合一的理則，
天人合一的哲學。

復興崗！
復興武德，
三分軍事，七分政治的碉堡，
三分敵前，七分敵後的堡壘，
三分直接路線，七分間接路線的戰線。

復興崗！
復興武德，
政治戰的旗手，
謀略戰的旗手，
思想戰的旗手，
組織戰的旗手，
心理戰的旗手，
情報戰的旗手，
群眾戰的旗手，
貫徹！
政治鞏固勝利的基礎，

力行！
思想尊立民族的長城。
實踐！
百萬主席　蔣經國先生的優秀子民，
中興！復國。
百萬校長　許歷農先生的優秀子民，
百萬校長　朱致遠中將的優秀子民。
中興！復國。
我們是萬馬復國的
王昇上將優秀子民，
我們是萬馬騰驤的
許歷農上將的優秀子民，
我們是萬馬長嘯的
陳守山上將優秀子民！
我們是復興中華民國的
偉人　蔣經國先生的優秀子民。

巾幗英雄

現代的花木蘭，
時代的巾幗英雄，
昂首闊步，
比肩齊步，
邁向錦繡的前程。

花木蘭的隊伍，
美麗的隊伍，
方帽子加鋼盔，
天之嬌女！
一朵朵的政治花蕾；
一朵朵的外交花朵；
一朵朵的新聞花香；
一朵朵的法律花辨；
一朵朵的藝術花芬；

一朵朵的體育花芳；
一蕊蕊的影劇花蕊；
一曲曲的音樂花聲；
花木蘭的旗手，
美麗的旗手！

雄糾糾，
氣昂昂，
抬頭挺胸邁大步，
邁向錦繡的前程，
邁向復興的前程！

金馬女兵

英雄島的巾幗英雄，
勝利島的復國英雄。

著迷彩的特戰裝，
穿野戰的自衛戰鬥裝，
邁開雄偉的步伐，
踢出崇高的步履，
擎起卡柄槍的小情人，
劃出反共復國的藍圖。

英雄島的巾幗英雄，
勝利島的復國英雄。

後備軍人

動員、動員、再動員，
團結、團結、再團結，
戰鬥、戰鬥、再戰鬥。

一聲動員令，
大家一條心，
團結戰鬥力。

後備軍人，
青年軍人，
人不分士農工商，
地不分東西南北。
中華兒女，
大漢英雄，
動員團結到臺北，
團結戰鬥在臺北。

團結在　國父的四週，
團結在　領袖的四週，
團結在　總統的四週，
團結在　反共的旗幟下，
向雪恥復國的大道邁進，
向反共復國的大道前進！

貞忠鐵衛

憲兵部隊，
鐵衛貞忠，
詩的標兵，
畫的基準兵。
勇敢、和平，
廉潔、慧敏，
衛兵中衛兵，
兵種中兵種，
鐵衛中鐵衛，
蓮花中蓮花。
畫的基準兵，
詩的標兵，
真忠鐵衛，
憲兵部隊。

步兵營群

步兵營是陸軍的主兵，
步兵營是戰場的主力。

不受天侯限制，
不受地形限制。
能爬山，能越野，
能渡河，能搶灘，
精於港戰、長於白刃戰！

為戰車營帶路，
為砲兵營摘果。
步，戰，砲心連心，
步，戰砲手連手，
協同作戰，爭取勝利，
黃埔精神，永恒成功！

裝騎部隊

看！
古典騎兵的子民，
裝甲騎兵的勁旅，
車嶙嶙，
馬嘯嘯。

看！
快速的機動力，
裝甲的防護力，
強大的火力，
靈活的通信力，
高度的搜索力。

看！
戰必勝，

攻必克，
搜必得。

聽！
車轔轔，
馬嘯嘯，
古典騎兵的子民，
裝甲騎兵的勁旅。

裝步部隊

戰場主兵的主力，
運動戰的生力軍。
裝甲兵的步兵，
步兵的裝甲兵。
輕裝甲，
全履帶。

火力大，
通信靈。
能上山，
能下海，
能越野，
能搶灘。
兩棲作戰的能手；
反共登陸的壘手。
戰場主兵的主力，
運動戰的生力軍，
裝甲兵的步兵，
步兵的裝甲兵。

工兵營群

工兵營作戰車營先鋒，
工兵營為步兵營開路。

工兵是萬能的兵種，
戰鬥建設門門精專，
逢山闢路，
遇水搭橋，
加強國軍戰力，
加強三軍機動力。

我們是國防建設的干城，
我們是克敵制勝的先鋒。

砲兵營群

砲兵營是戰場的火力主幹，
砲兵營是陸軍的打擊主力。

運籌帷幄
決勝千里，
精心觀測，
殲敵百里。
砲兵揭開了，
八年抗戰的序幕，
砲兵創造了，
八二三砲戰的勝利。
我們是湯山精神的創造者。
我們是金門砲戰的勝利者。

通信營群

通信營是三軍的千里眼，
通信營是陸軍的順風耳。
組織第一，
情報為先，
通信最急。

無線電：迅速、機動，
有線電：確實、祕密。

全天候靈活通信，
超地形縱橫自如。

我們的信條是無遠弗居，
我們的信心是永恒向前。

裝砲部隊

戰場火力骨幹的骨幹，
火力戰的主力軍，
裝甲的砲兵，
砲兵的裝甲兵。

砲兵中的砲兵，
火力中的火力。

火力勝人力，
火海制人海。

火力作戰的裝砲騎士，
金門八二三砲戰的英雄。
盧溝橋砲戰的後起之秀。

戰車部隊

我們是錐之尖，
我們是刀之刃。

忠誠慓悍，徐庭瑤將軍的優秀子民。
誠、愛、熱，蔣緯國將軍的後起之秀，
我們是中華民國的長城，
我們是中華民族的干城，
我們是領袖的子弟兵。
實事求是。
精益求精。
疾風迅雷，出奇制勝。
出敵不意，攻敵不備。
以少勝多，以寡擊眾。
分區控制，集中使用。
摧枯拉朽，

縱橫掃蕩，
有我無敵，
有我無敵，
攻無不克，
戰無不勝，
攻之必克，
戰之必勝。

狹側面攻擊，
大縱深突入，
廣域區包圍，
大規模殲滅。

我們是錐之尖，
我們是刀之刃。
忠誠慓悍，
趙振宇將軍的後起之秀。

誠、愛、熱，
蔣緯國將軍的優秀子民，
我們是中華民族的干城，
我們是中華民國的長城。

裝甲飛彈

雄風飛彈，巡弋飛彈，
飛彈中飛彈，
機動奇襲，日新月異，
國產創造飛彈，
研究發展，
創造發明，
自創自製，
自力更生，自強力行，
裝甲火箭，
工蜂火箭，
火箭中火箭，
多管火箭，
箭發為神，
火箭多管，
火力強大，
命中精確，
百發百中，
千發千中。

防砲部隊

空防便是國防，
海防便是國防，
陸防便是國防。

雙管砲車

對空打敵機，
對海打敵艦，
對陸打敵坦克。

防空砲車

裝甲師的底空自衛者，
步兵師的底空防衛者，
野戰師的行軍保衛者。

機關砲車

機關砲車，高度的發射力，
強大的火力，
高速的機動力，
堅強的防護力，
靈活的通信力。

自走砲車，
走得快，
打得準，
説得清，
聽得明。

多管砲車

對陸打敵坦克，
對海打敵艦艇，
對空打敵飛機，
對灘打敵登陸戰車。

有陸防便有國防，
有海防便有國防，
有空防便有國防，
有聯戰便有國防。

反裝甲部隊

火箭筒，
是個千箭的雨神，
無後座力砲，

是個萬彈的雷神。
托式飛彈是個閃電的電神！

雷神揮彈如雷，
雷神揮箭如雨。
雷擊共軍坦克，
雨擊敵軍坦克。
電擊敵人坦克！

無後座力砲，
由自己創製，
火箭筒，
由自己製造。
飛彈，由我們設計！

火箭筒，
是個千箭的雨神，
無後座力砲，
是個萬彈的雷神。
托式飛彈，
是個閃擊的電神！

飛彈部隊

自由女神，
高擎自由之火炬，
為民族自由而戰鬥，
勝利女神，
高舉勝利之旗幟，
為反共復國而奮鬥。

神鷹飛彈，
揚鷹神呀！
揮天戈光復北平。
鷹式飛彈，

擎天神呀！
揮金戈收復南京。
雷達呵！
是個千里眼，
聲納呵！
是個順風耳。
看得明白，
聽得清楚，
瞄準得準，
發射得遠，
殲滅得快。

蛙人神兵

從驚濤赫浪中來，
由怒潮澎湃中去。
潛鏡、小刀、水錶，
赤膊、記牌、泳裝。
蛙人神兵，
神出鬼沒，
出入敵陣。
神兵蛙人，
無影無蹤，
出入敵後。
獲得情報，
殲滅敵人。

藍天雷虎

聲如雷，
形如虎，
雷虎手擎擎天畫筆，
雷虎手擎白雲彩盤，
繪出壯志凌雲，

畫出氣壯山河。

春之雷，
夏之虎，
秋之月，
冬之日，
年之龍。

今天，
臺灣，
雷虎的時代。

空中鐵騎

發動引擎，
加速飛輪，
不分春、夏、秋、冬，
不怕風、雪、雨、霜，
全天候的飛行，
全員化的訓練，
機動化的戰力，
科學化的兵種。

揮動銀翼，
加速飛輪，
戰勝天候，
克服地形。
飛越雷區、沼泊、叢林、敵哨，
勝任巡邏、攻擊、搜索、偵察，
克任指揮、連絡、運輸、救護。

空中鐵騎，
空中勁旅，
旋轉乾坤，
還我河山！

畫

蛙人神兵隊

中國海的游龍，
臺灣海的潛龍，
金門海的金龍。

搶灘的先遣隊，
登陸的先鋒隊，
反攻的前鋒隊，
復國的壯士隊。

潛鏡、手槍、手錶，
赤膊、記牌、泳裝。

由怒濤澎湃中去，
從驚濤赫浪中來。

兩棲潛龍

兩棲神兵，
兩棲潛龍，
乘風破浪，
萬里長風。

來無影，
去無蹤，
海面航行如游龍，
海底游行如潛龍。

飛艇滲透，
艇如矢發，
水中爆破，
浪如山立。

神龍天兵

自銀翼中，
投向藍天，
由藍天中，
展出蓮傘。
傘飛行在藍天，
傘航行于白雲。

每朵蓮，
是支傘，
每朵傘，
是條龍，
每條龍，
是個神。

看神龍白雲藍天，
看神龍定點著陸，
看神龍跨海西征，
看神龍光我神州。

三軍儀隊

三軍儀隊，龍的子民，
龍的長城，龍的傳人，
陸軍儀隊是陸上的長城。
海軍儀隊是海上的長城。
空軍儀隊是空中的長城。

看！榮譽儀隊隊伍，
嚴整的軍容，
精湛的操槍術，
中華民族的代表，
中華民國的榮譽，
一支壯麗的隊伍。

表演勝利V字隊形，
藝演三環〇字隊形，
儀隊健兒，英姿煥發，
雄糾糾，氣昂昂，
壯麗，美譽，英名飛揚，飛揚！

國旗頌

國旗！國旗！可愛的國旗，
中華民國國旗，
宇宙中沒有一朵國旗比您更優美，
先烈陸皓東先生創造設計，
青天白日的革命黨旗，
青天白日的革命軍旗，
象徵青天高，白日照，
十二道光芒，
表現十二時辰和月份，
效法天行健，君子以自強不息。

國父　孫中山先生完美設計，
青天白日滿地紅的國旗，
藍、白、紅、三色，
表示青天高廣、白日胸懷，鮮紅熱血。
象徵自由、平等、博愛的精神，
發揚存亡繼絕，濟危扶傾的美德，
中華民國，民主共和，
天下為公、世界大同。
您是世界上最優美的國旗，
我們永恒敬愛您。

國旗！國旗！可愛的國旗，
中華民國國旗，
宇宙中沒有一朵國旗比您更優美，
十萬萬國民，五千年文化，
周公、孔子聖名滿天下，
國父、軍父聖名揚全球。

民族英雄謝晉元，孤軍奮戰東戰場，
巾幗英雄楊惠敏，槍林彈雨獻國旗。
富國島上，忠貞將士，
聖誕節，流血升旗，爭自由。
韓國營裏，反共義士，
自由日，灑血升旗，回臺灣。
我們要為天地立心，
為生民立命，
為往聖繼絕學，
為萬世開太平！
您是世界上最雄壯的國旗，
我們永恒敬愛您。

國旗！國旗！可愛的國旗，
中華民國的國旗，
宇宙中沒有一朵國旗比您更優美，
三民主義：民族、民權、民生；
中華民國：自由、平等、博愛；
中華文化：倫理、民主、科學。
年年元旦，全國同胞，
集合在總統府廣場，舉行升旗典禮，
我們永懷　領袖，建國復國，
我們效忠　蔣總統經國先生，建設臺灣，
大家效忠李總統登輝先生，經營大臺灣，
建設新中原，復興新中國。
光復大陸，復興中華，
反共救國，反共復國。
我們要：
為天地開心，
為生民革命，
為往聖光絕學，
為萬世致太平！
您是世界上最崇高的國旗，
我們永恒敬愛您。

國慶頌

光輝的十月十日，
燦爛的辛亥雙十節，
偉大　國父孫中山先生。
領導國民革命，
創立興中會，
創造同盟會，
指導革命同志，
擎起武昌之首義聖火，
燒毀滿清專制的鏽龍，
熔化帝國主義，
誕生，中華民國，
復興，中華民族！
中國國民革命運動之巨輪，
展開，廣州之旗，惠州之幟，

發展，潮州黃岡之風，惠州七女湖之濤，
播種，欽州防城之苗，鎮南關之花，
燃燒，欽廉上思之雷，雲南河口之電，
輻射，穗市之火，黃花岡之光！
輝煌，中國國民革命史詩。
十次革命，
十次經驗，
革命先烈，
拋頭顱，
灑熱血，
屢仆屢繼，
再接再厲，
喚醒革命的靈魂，
發揮革命的力量！
愛國志士，

為國家，
為民族，
爭自由，求平等，
爭獨立，求生存。
光輝，中華民族，
光耀，中華民國！

英明　領袖蔣中正先生。
繼承　國父遺志，
領導國民革命，
創立軍校，建軍黃埔，
親領校軍，完成東征。
領導北伐，奠都南京，
打倒軍閥，統一全國。
指揮剿匪，安內攘外，
五次圍剿，追擊紅軍。
領導抗戰，打倒日本，
八年血戰，還都南京。
抗戰勝利，光復華夏，
以德報怨，遣回日俘。
復員建國，復興民族，
復興國家，保衛和平。
指導戡亂，反共復國，
復興基地，備戰反攻。

我們，
遷都重慶，
八年抗日聖戰，
打倒了日本帝國。
我們，
遷都臺北，
卅年反共復國，
痛擊了赤色帝國。
光輝的十月，

光華的十日。
普天同慶，
日月重光。

今天！
慶祝神聖的辛亥雙十節，
無忘大陸，
毋忘在莒。
慶祝偉大的辛亥國慶日，
我們永懷　領袖，雪恥復國，
效忠　蔣總統經國先生，建設臺澎金馬，
光復神州，
復興神州。
光復大陸，
解救同胞。
完成國民革命第三任務，
實現以三民主義統一中國！

軍父頌——國民革命軍之父

軍父頌——國民革命軍之父

陽明山色壯，
慈湖水源長！
我們誓光復兩京四明，
我們誓收復河洛燕雲。

聖靈的軍父，
民族的英雄，
時代的巨人，
我們國民革命軍之父，
繼承　國父革命遺志，
完成東征、北伐，
抗戰、剿匪、戡亂、反共任務。

聖賢的軍父，
革命的導師，
博愛的統帥，
引導我們：
實踐三民主義，
光復大陸國土！
神靈的軍父，
民主的燈塔，
世紀的舵手，

引導我們：
復興民族文化，
堅守民主陣容。

神聖的軍父，
中國的救星，
世界的偉人，
保佑我們：
建軍備戰必勝，
建國復國必成。

聖哲的軍父，
大仁大勇的恒星，
大智大誠的行星。
我們誓以戰鬥決心，
我們誓以奮鬥恒心，
矢勤矢勇，毋怠毋忽，

親愛精誠，精誠團結。
完成反共復國大業！
完成國民革命第三任務。

陽明山色壯，
慈湖水源長！
我們誓光復兩京四明，
我們誓光復河洛燕雲！

中山堂

臺北市的心臟，
中國的詩藝術堡壘，
世界詩的聯合國！
中正廳是詩的大家庭，
光復廳是詩的大家庭，
堡壘廳是詩的大家庭，
中華民國六十二年十一月十二日，

國父誕辰一〇五週年，
世界第二屆世界詩人大會舉行；
世界大詩人，聯合在這兒，
世界名詩人，結合在這兒，
世界賢詩人，結合在這兒，

詩人是人類的發言者：菲律賓的余松博士，
詩人是世界的正義者：中華民國的鐘鼎文博士，
詩人是全球的奮鬥者：韓國的趙炳華、許世旭博士，
中山堂是世界詩人的廣播電台，
中山堂是世界詩人的電視發射台
中山堂是中國人的正義之聲，
中山堂是中國人的自由之聲。

您是革命詩人的鐵堡壘，
您是炎黃子孫的詩長城，
您是自由世界的畫長城，
您是中華民國的書長城，
您是民主國家的音樂長城，
您是人類文化的美術長城，
您是自由奮鬥的藝術長城，

臺灣省立博物館

雄偉的希臘式藝術宮，
矗立于臺北新公園中，
我們進館昂首欣賞；
左一瓶之存在，
右一瓶之存在，
左右兩瓶之存在。
人類由那兒來？

人類往那裡去？
人類分那幾種？
人類學的美術之宮，
是個生態的雕塑館，
臺灣山胞的立雕群像；
泰雅、賽夏、布農、
排灣、魯凱、卑南、
雅美、阿美、邵族、
鄒族、石膏雕像，
頂天立地的屹立於室之中央。

動物室是個靜態的動物園，
這兒有生態的飛禽走獸，
走獸有獅子、老虎、鹿………
飛禽有孔雀、白鶴、鷹………
燦美的臺灣精神，
輝煌的移民精神，
鐵血的革命精神，
燦爛的創業精神，
光輝的海國精神，
都在這兒得到了鐵的證明。

古之岱輿，
漢之東鯷，
三國之夷州，
唐之流求，
明之東蕃，
都在這兒找到了史蹟的鐵證。

特展室是個多采多姿的藝術家，
吳承硯教授的繡球芬芳，
單淑子教授的玫瑰芬芳，
是和煦的陽光，
撒滿春的馨香，

那中華河山展喲，
教我們誓還故鄉！

我們出館昂首觀賞：
雄偉希臘式的藝術宮，
全是動物的天下。而
那大風鳥齊唱大風之歌。

植物室是個長春的植物園，
這兒有生態的木本的、草本的，
一年生的，多年生的，
松、竹、梅、
蘭、菊、蓮、
柏、榕、檜、
全是植物的天地。
那重傘靈芝、萬年靈芝，
乃一對珍璧。

礦物室是個礦冶專家，
這兒淘出鐵礦石、銅礦石，
銀礦石、金礦石、鑽石、磁石、石油礦
石，
鐳礦石、鈾礦石、諸礦石的寶藏。

養殖魚類室是個水族館學家，
養殖櫃是個水晶體的立體海，
熱帶魚如海底蝴蝶，
演出海底奇觀的影片。

海洋氣象之宮是個氣象專家，
埋頭圖解著氣溫、溫度、雨量，
沈思分析了風向、風速、風力，
詳實敘述著雲層、浪級、浪高，
敬請人群預防天災苦難，
增進人類幸福康安。

進化室是個考古生物學家，
考證二百萬年前犀牛化石復原，
展覽犀牛、馬、象的演化，
展出野牛、劍虎、鹿的演化，
展示鯨魚、恐龍、貝化石的演化歷程，
教人類瞭解古生物演化考證，而
傾聽劍龍、魚龍、翼龍同唱演化之歌。

考證中國的鳳麟龜龍，
杜而未教授，
鳳凰是瑞鳥，
鳳化為舜簫，
鳳在廣都之野。
麒麟是瑞獸，仁獸，
麒麟為神鹿、神羊
獲麒麟於西狩之野。
靈龜是吉祥物，
神龜能負山，
靈龜負洛書。
神龍為吉兆、善神，
龍化為星辰，星龍，
神龍負河圖。
龍戰於野。

臺灣！
乃香蕉王國
是甘蔗的仙鄉，
你光輝的堅忍奮鬥史，
荷蘭人的投誠史蹟，
鄭成功的受降史實，
西班牙人的殘暴史蹟，
林爽文的抗清史實，
劉銘傳的開發功蹟，
唐景崧的抗日史實，

邱逢甲的抗日史蹟，
劉永福的抗日史實，
吳鳳的殺身成仁精神，
羅福星的忠黨愛國精神，
連雅堂的教忠教戰的精神，
蔣渭水的忠孝節義精神，
日本人投降的史蹟，
全在這兒尋到真蹟的史實。
矗立于臺北新公園中，
右一瓶之存在，
左一瓶之存在，
右左兩瓶之存在。

國立科學館

哲學的根鬚是科學，
科學的昇華是哲學，
藝術的科技是科學，
觀光水泥的天壇，
欣賞臺北的天壇，
動物學在這兒開花，
植物學在這兒開花，
礦物學在這兒開花，
數學在這兒開花，
化學在這兒開花，
電學在這兒開花，
工程學在這兒開花，
核子學在這兒開花，
工業在這兒開花，
農業在這兒開花，
礦業在這兒開花，
林業在這兒開花，
漁業在這兒開花，
牧業在這兒開花，
萬花齊放，

千家爭鳴。
吳大猷、楊振寧、李政道、
李遠哲、丁肇中、天馬長嘯。

看喲！
銀河千朵星系，
雲河萬朵星光，
星球圍繞星座，
星球找尋星座，
星球追尋星座，
你也是星座，
我也是星座，
他也是星座，
我們都是星座。

國立藝術館

書詩畫，
畫書詩，
詩畫書，
展覽館。

詩劇，
畫劇，
書劇，
演出館。
歌劇，
舞劇，
影劇，
演唱館。

詩隊伍，
畫隊伍，
劇隊伍，
集合、會師。

國立臺灣藝術館
國劇之天宮，
詩畫之天宮，
歌舞之天宮，
電影之天宮，
藝術之天宮，

國立中央圖書館

頂天立地於南海學苑
向右芳鄰談藝術，
向左芳鄰談科學。

長畫廊是報章天地，
長詩廊是期刊天地，
青天白日照耀下的書長城，
乃中華文化復興的長城，
是中華文藝復興的干城。

我們閱覽：
美術書種在美術書城，
音樂書種在音樂書城，
自然書種在科學書城，
社會書種在文史書城。

看！
古今圖書都集合在這裡，
中外書籍都集合在這裡，
國人時時刻刻研究發展，
國家隨時隨地文化動員。

中華民國七十年代的學術精華，
海內外學者專家們優美的學術論著，
青天白日照耀的中央圖書長城，
我們展覽：
精美的理科論著，

真美的工科論著，
璞美的農科論著，
仁美的醫科論著，
純美的文科論著，
善美的商科論著，
琳瑯滿目的文化血汗結晶。

激揚中華學術研究風尚，
闡揚中華學術發展精神。
復興中華文化！
復興民族文化！

國立歷史博物館

鍾鼎文，甲骨文，
西周鼎，東周鼎，
圍繞在 國父的銅像歌頌。
線裝書，精裝書，

現代詩，現代畫，
團結在 領袖的銅像歌頌。
古詩，古畫，
國畫，西畫，
團聚在國家畫廊裡芬芳。
黑陶器，彩陶器，
周兵器，漢兵器，
歡聚在陶器展覽室中齊唱。
唐瓷器，宋瓷器，
明銅器，清玉器，
樂聚在瓷器展室中重唱。
周圓金，秦半兩，
漢五珠，梁五珠，
合伴在錢幣室中比美。
古絲器、古木器，
古竹器、古服裝，
合伙在服裝傢具室中爭芳。

塑彫、建築，
書法、國畫，
噴畫、版畫，
攝影、西畫，
攜手在大千畫廊中合唱。
張大千畫集，姜龍昭戲劇集。
傅心畬畫集，羅門詩歌集。
黃君璧畫集，王祿松詩畫集。
藍陰鼎畫集，郭燕橋書畫集。
昂首在美術館中長嘯。
岳飛書法的還我河山、長嘯，
梁鼎銘的戰畫、戰馬、長嘯，
高一峰的駱駝、駿馬、長嘯，
葉醉白的飛馬、天馬、長嘯，
徐悲鴻的雙馬、春馬、長嘯，
李　康的萬馬、龍馬、長嘯，
歐豪年的奔馬、飛馬、長嘯，
劉其偉的雙駿、駿馬、長嘯，
吳超群的萬馬、龍馬、長嘯，
郎靜山的景馬、影馬、長嘯。
高行健的神馬、天馬、長嘯！
趙廣暉的音馬、樂馬、長嘯，
何志浩的詩馬、舞馬、長嘯，…。
馬英九的藝馬、天馬、長嘯…。

中山博物院

看！中國猿人與真人傳真的火種，
聽！北京人和山頂洞人歌唱的詩種，
仰韶之彩陶文化，遺下的石刀石鑽，
龍山之黑陶文化，留下的石環石鏃。
甲骨文、石鼓文、鐘鼎文、
周石鼓、漢石刻、唐石刻，
在高聲朗誦。

商鼎、商卣、商爵，
周鐘、周鼎、周盤，
在激昂歌頌。
漢鏡、宋鏡、明鏡，
唐瓷、宋瓷、明瓷，
在慷慨歌唱。

木刻、象牙刻、
雕漆、琢玉、玻璃、琺瑯，
在和聲吟唱。

晉人法書，唐人法書，
明人法書，宋人法書，
在龍飛鳳舞。
朱耷的長江萬里圖，
夏珪的長江萬里圖，
郎世寧的十駿圖，

韓幹的牧馬圖，
在仰天長嘯！

梁楷的潑墨仙人圖，
清明上河圖，
黃河萬里圖，
在龍騰虎躍。

呂佛庭的長江萬里圖，
　長城萬里圖！
張大千的長江萬里圖，
必還我河山，
必歸我故鄉！

中山樓

孔子是人類歷史的耳目，
國父是世界文化的心靈，

中華民族文化優美博大，
中華民族文化雄偉崇高。

民族的精華是倫理，
民權的精英是民主，
民生的精華是科學。
倫理是誠正修齊之本，
民主是福國淑世之則，
民生是正德、利用、厚生之實。
仁愛是天地萬物之體！

完美三民主義，
中華文化的匯歸，
光榮國民革命，
中華文化的保衛者，
堅強臺澎金馬，
中華文化的寶庫，

雄偉的中山樓，
中華文化傳統建築，
十一月十二日，
偉大藝術家，
國父誕辰，
中華文化復興節。
總裁訓示：
「嗟呼！
隔水西望，
滿目瘡痍，
渡頭落日，
青山一髮者，
莫非中原！
淚枯血乾，
死生無告者，
莫非吾胞骨肉焉！」

看喲！
璀璨瑰瑋之典型建築，
中華文化復興的標幟，
中華民國中興的象徵，
光復大陸國土的信心，
完成國民革命的決心，
青天白日重光於我兩京！

國父紀念館

美麗寶島的翠亨村，
不沈艦船的中山陵，
國民革命火種的根源，
中華革命聖火的聖地，
溫泉花國的公園，
薔薇畫舫的畫廊，
反攻復國的碉堡，
反攻建國的聖壇。
看喲！
國父史蹟、傳芬芳，
開國史蹟，播馨香，
總統勳業光史冊，
革命實踐，揚萬世。
覽喲！
碧血黃花，放光芒，
辛亥革命，光武昌，
黃興革命，垂丹青，
革命先烈，傳青史。
展喲！
七七抗戰史蹟展，
錦繡河山攝影展，
革命史蹟書畫展，

當代名家創作展，
世紀畫家作品展，
全國美術水彩展，
亞洲書畫攝影展，
國軍文藝戰畫展，
現代名書畫家作品展，
中山文藝得獎作品展，
九項建設工程特展，
建國復國大業展覽！
建國七十年紀念展。

看喲！
國劇在這兒播種，
音樂在這兒開花，
舞蹈在這兒結果，
歌曲在這兒繞樑，
詩歌在這兒芬芳，
美術在這兒馨香，
電影在這兒傳種，
藝術在這兒紮根。

我們的 國父是偉大的藝術家，
我們的 軍父是偉大的工程師，
我們的主義是完美的三民主義，
我們的國家是壯麗的中華民國，
我們的責任是反共復國演變敵軍，
我們的奮鬥，是世界和平，
我們的榮譽，是建國復國，
我們的戰鬥，是人類幸福。

大家來喲！
播種學術之花，
現代史研究中心之花，
實業計劃研究中心之花，

中華文化發展研究中心之花，
國家藝術研究中心之花，

大家來喲！
採擷教育之果，
國父史蹟展之果，
建國復國展之果，
國父圖書館之果，
國父思想教室之果。

大家來喲！
扶植社會之苗圃，
青年館之苗，
兒童館之苗，
工礦館之苗，
建國館之苗，
大陸館之苗，
國劇館之苗，
錦繡河山館之苗，
民族藝術館之苗，
中山畫廊之苗，

大家來喲！
力行實踐文化藝術，
中華藝術，美化人生，
中華哲學，善化人生，
中華科學，真化人生，
中華宗教，慧化人生，
中華文化，聖化人生。

中正紀念堂

國旗迎風飛揚，
春陽照耀大地，
國民精神碉堡，

革命精神堡壘，
巍巍如泰山，
峨峨似雪竇。
中國文化精神的標竿，
中華文化風格的典範，
藍色的自由精神，
白色的平等精神，
青天白日光茫萬丈。
中正大中至正，
天人天人合一，
中國道統具體化，
大中至正忠孝之門。

謨拜長袍、馬褂、皮鞋而莊穆、和煦、
仁慈的
蔣公銅像。
仰望倫理、民主、科學的
大理石刻。
力行真理的格言：
「生活的目的在增進人類全體之生活
生命的意義在創造宇宙繼起之生命」。
的
蔣公座右銘。

來自金門的花岡石，
阿里山的檜木，
花蓮的大理石，
四海一心，四海歸心，
軍民一體，精誠團結，

名畫家許九麟的油畫，
兩大偉人的契合，
國父與軍父相對而坐，
運籌帷幄，決勝千里。

青年畫家梁君午的油畫，
赴難永豐艦，
東征惠州之役，
北伐廣州誓師，
戡亂料羅搶灘。
國畫家　張大千水墨慈湖圖的山水，
名畫家　藍蔭鼎水彩慈湖圖的風景。

世德相望：忠孝傳家，廣慈博愛，
力學革命：帶敢死隊，光復杭州，
革命黃埔：親愛精誠，黃埔建軍。
鴟鴞未靖此東征：底定東江，鞏固廣東。
實踐國父格言：「養天地正氣，法古今完人」，
沈思國父名言：「安危他日終須仗，甘苦來時要共嘗」。

第一面反共的大纛：
五次圍剿，收復瑞金，
安內攘外，重振國家。
抵禦外侮，復興民族，
領袖宣示抗戰決心，
艱苦卓絕，領導抗戰。
行憲與戡亂：
宏揚憲政，收復延安。
領袖手書：
「千秋氣節大彌著，
萬古精神又日新」。
中興再造：
領袖視事；
整軍經武，經濟建設，
政治建設，中興復國。
銜哀奮勵：
奉厝慈湖，淬勵奮發。

天天摩挲恭讀訓示：
「以國家興亡為己任，
置個人死生於度外」。
日日摩挲恭行訓示：
「實踐三民主義，
光復大陸國土，
復興民族文化，
堅守民主陣容」。
對世界永恒之貢獻，
廢除不平等條約，
著作蘇俄在中國，
惠我中國，廣及世界，
德被日本，永垂不朽。

五個牌坊，
五個拱門，
象徵五權憲法，
大中至正，綻放光華。
大忠門，
大孝門，
大中至正門，
三門環拱，
象徵三民主義統一中國。
國家劇院，
音樂廳，
中正紀念堂，
象徵雙十國慶光華。
七十年代復興中華。
八十年代中興中華！
九十年代創興中華。
千禧年代創新中華。

龍族

龍族——十項建設

蔣院長說：今天不建設，
明天就後悔。

龍族是建國的十項建設，
雄偉的十項建設是龍族。

南北高速公路，
是條陸龍，
飛向嘉南平原。

鐵路電氣化，
是條神龍，
飛向太平洋。

石油化學工業，
是條潛龍，
飛向纖維塑膠天地。

大造船廠，
是條蛟龍，
飛向三大洋。

北迴鐵路，
是條金龍，
飛向宜陽平原。

桃園國際機場，
是條雲龍，

飛向七大洲。
臺中港，
是條海龍、
飛向四海。
大煉鋼廠，
是條劍龍，
飛向已開發的國家。
蘇澳港，
是條魚龍，
飛向中國海。
核能發電廠，
是條天龍，
飛向世界和平，
奔向人類幸福。
龍族是建國的十項建設，
雄偉的十項建設是龍族。

陸龍——南北高速公路

路如河，
路似江，
公路如長江浩浩，
公路如黃河蕩蕩，
高速公路，
是瀑布，
是飛泉。

隧道公路，
如山龍，
飛向陸，
飛向嘉南平原。
高架公路，
如游龍，
飛向海，

飛向太平洋。

黃河之水，天上來，
長江之水，山上來，
高速公路，天上來，
高速公路，海上來。

人在車中，
車在路中，
路在山中，
山在島中，
島在海中，
海在天中，
天在人中。

有人的地方，就有車，
有車的地方，就有路，
有路的地方，就有山，
有山的地方，就有島，
有島的地方，就有海，
有海的地方，就有天，
有天的地方，就有人。

車如船，
在河中飛航，
船如車，
在路中航行。

人
飛向復國的大道，
車，
奔向建國的前程。

神龍——鐵路電氣化

昇華外燃機成電力機車，

昇華內燃機為電力機車，
不吞煤，
不喝水，
不吃油，
不污染！
飛奔一千公里，
長跑一千公里。
三朵花的計劃：
先開第一朵，基隆到竹南，
再開第二朵，竹南到彰化，
後開第三朵，彰化到高雄。
自六十三年播種，
由六十五年開花，
至六十七年結果，
播種、開花、結果！
省煤、省水、省油，
速迅、安全、舒適。

樂觀！
民生建設現代化，
喜見！
國防建設科學化。

潛龍——石油化學工業

血管似油管，
油管如血管，
油管是石化工業的大動脈，
油池是石化工業的大原泉。
一滴石油，
一滴血！
一滴輕油，
一滴血。
盤中粒，粒粒皆辛苦，
桶中油，滴滴皆辛苦。
上游計劃，六十八億元，製造纖維。

下游計劃，三百七十億元，精製塑膠。
第一隻輕油苗，乙烯五萬四千噸，
第二隻輕油苗，年產乙烯二十三萬噸，
　年產丙烯十一萬五千噸，
第三隻輕油苗，年產乙烯四十萬噸，
這三位親愛的堂兄弟，
協力合作，努力生產，
生產一系列的PE、PVC、PP、PS……，
創造塑膠的天地。
中國石化工業的花朵，
中華石化農業的幼苗，
臺灣塑膠工業的奇花，
亞洲纖維工業的妙果。
衣、食、住、行都是石化的天下，
育、樂、民生、全是石化的世界。

蛟龍——大造船廠

矗立在高雄港的原野，
抽特大號的雪茄煙。
一面建廠，
一面造船，
六十六年之春，
四十五萬五千噸巨型油輪可發航，
乘風破浪，
長風萬里，
航行於中國海，
航行於太平洋。
莊敬自強，
自給自足，用自己的電喲，煉自的鋼鐵！
用自己的鋼喲，
造自己的油船！
築一百萬噸級輪船之船塢，

造一百萬噸的輪船。
看！
中華民族的油船，
乘風破浪在海洋上。
看！
青天白日的國旗，
永恒飄揚在海洋，
永遠飄蕩在藍天！

金龍——北迴鐵路

建一鐵血的虹，
築一鋼鐵的路，
踩響金色年華，
踏亮黎明曙光，
自宜蘭幅射花蓮，
由花蓮迴歸宜蘭，
舒展八十三公里輝煌前程！
幅射八十三公里鋼鐵大道。
日出太平洋上，
月照懸崖峭壁，
三十四隧道如林是道，
三十四橋樑如林是橋。
道溝通農業與工業之德，
橋接通漁業與林業之樑，
路交通教育與文化之道。

雲龍——桃園國際機場

開航空史之花，
結航空業之果，
三條跑道如三江，
五座大廈如五嶽，
甜睡著大鵬鳥三三隻，
美侖美奐的航空大廈，
每日吞吐兩萬遊客，

尖峰時刻，
人潮群流，
每時出納四千遊人。
觀光旅客，
排一百七十三萬長龍，
國民外交，
無窮大，無窮大！
桃園是桃園中的桃園，
機場是機場中的機場。
中華文化是人類精華，
中國建築是世界花冠。
昂首，
大鵬鳥，翱翔於藍天，
仰天，
大神鷹，長嘯於白雲。

海龍——臺中港

在大甲溪與大肚溪之間，
在梧棲與沙鹿之間，
獵魚的漁港在牧魚，
業商的商港在牧商。

新來的三兄弟呀！
推土機，
日夜不停的推土，
挖土機，
晝夜不停的挖土，
壓路機，
全天侯的築堤作業。

外廓堤防工程日夜不停的忙碌，
南北防波堤是個大堡，

南北防砂堤是個大壘，
採石築堤，日日忙，
拋石沈箱，夜夜忙。

深水碼頭，船座七十二席位，
淺水碼頭，船座十二席位，
漁船碼頭，船座無數席位，
三十二座碼頭，
十萬噸船隻，自由航行，
廿萬噸油輪，候潮航行。
營建能量，年達一千二百萬噸。

臺中港，
是中興港，
三期興建，
三期完成。
臺中港，
中興港，
工商業港，
農漁業港。
看！
臺中港，
人與天爭，
人與風爭，
人與海爭。

劍龍——大煉鋼廠

屹立於高雄臨海工業區，
晝夜幹鋼鐵冶鍊的工作，
日夜做鑄鋼軋鋼的工能。
煉一爐鋼鐵，
煉一爐風景。
全天候的工作目標，
全年度的鋼鐵產量：

那堅硬的粗鋼一百五十萬噸，
那堅強的鋼板四十萬噸，
那堅實的小鋼胚二十四萬五千噸，
那堅壯的生鐵十五萬噸，
那堅韌的線材三十萬噸。
錘煉！錘煉！
鑄造鋼鐵的生力軍。

煉鋼的火花，
分三期幅射，
第一火花季，錘煉一百五十萬噸，
第二火花季，錘煉二百七十萬噸，
第三火花季，錘煉六百萬噸，
錘煉鋼鐵的果實：鑄造一千〇二十萬噸。

石油是工業的動力，
鋼鐵是重工業之母，

今日煉我們的鋼鐵喲，
明日造我們的車船，
航向已開發的國家。

魚龍——蘇澳港

站立於宜蘭平原，
回顧優美的漁港歷史甜蜜，
前瞻偉大綜合港的時代使命。
看內外防波堤，是一大盾甲，
見深水碼頭，是一大石頭堤，
觀貯水池，是一大明湖，
填海為陸之新生地，
是港區寵兒。
揮手開闢隧道，
幽通蘭陽平原，
珍珠的魚港與瑪瑙的商港握手，
綜合為漁業加工的工業堡。

看喲！
近海漁船，獵漁於海浪，
遠海漁船，捕漁於洋濤，
聽喲！
漁歌唱晚，
漁人牧歸。

天龍——核能發電廠

自由神以原子能制裁日本軍閥，
和平神以核子能發展世界和平。
矗立於臺灣北部原野，
臺灣核能發電廠。
看那包封容器是個裝甲的安全堡壘，
瞧那氣輪發電之再熱再生式的氣力循環
系統，
就是核能發電的大肺腑，
那高度發電能，四十億度！
那反應器，沸水式的原子爐，
是核能發電的大心臟。
那氣冷發電機，
是發電廠的大動脈，
日夜生產電能多達九十八萬五千三百三
○瓦。
那鈾錠是原子爐的糧食，
晝夜發電量高達五百二十萬瓦。
臺灣核能發電廠，
是中國工業之原動力，
是中華光華之電動力。
是造福全民的九大建設，
是造福全國的十大建設。
原子能，
戰爭用途，

消滅人類戰爭，
核子能，
和平用途，
發展世界和平！
煉一爐的核能，
煉一爐的和平，
煉一爐的幸福。

64.4.4.寫於新竹
67.3.29.澎湖莒光廳朗誦

歌我中華

歌我中華

歌我中華，歌我中華，
文化燦爛，歷史悠久，
熱血青年，碧血黃花，
醒獅怒吼，凱旋南京，
青天白日，普照中華，
五權憲法，光復神州，
三民主義，統一中國，
三民主義，統一中國。

愛我中華

愛我中華，愛我中華，
國家獨立，政治民主，
經濟平等，民族自由，
民生均富，科學進步，
文化開放，倫理和平，
五權憲法，光復大陸，
三民主義，統一中國，
三民主義，統一中國。

元旦歌

一元復始，勝利可期，
萬象更新，中興在望，
還我河山，復興中華。

毋忘在莒，反共復國，
同心同德，開國建國，
三民主義，統一中國。
一心一德，開國復國，
三民主義，統一中國。

自由日頌

生命誠可貴，愛情價更高，
自由無價寶，二萬反共義士，
刺背「反共抗俄」，
刺胸「一條心回臺灣」。
同心同德，反共復國，
條條路通臺灣，條條路通自由。
一二三自由日，奔向自由中國，
一二三自由日，飛向白日青天。
飛向白日青天，飛向白日青天。

春節頌

恭恭禧禧迎春節，同心同德重振家園，
快快樂樂過新年。三民主義統一中國。
寶島聞春迎紫氣，
神州指日飲黃龍。
家居青天白日下，同心同德重振家鄉，
人在春風和氣中。三民主義統一中國。
天增歲月人增壽，
春滿乾坤福滿國。

青年頌

我們是三民主義的愛國青年，
我們是反共救國的革命青年。
青年創造時代，時代考驗青年，
青年三次大結合，時代三次大使命。
犧牲奮鬥，繼往開來，
碧血黃花，浩氣長存，

允文允武，獻身獻力，
鐵血青年，中興復國，
三民主義，統一中國。

美術頌

抗日聖戰，全國動員。
美術勇士，同仇敵愾。
畫家作家，共赴國難。
戰史戰畫，抗戰漫畫。
雕刻版畫，反共漫畫。
美術救國，藝術報國。
中國文藝，光復大陸。
三民主義，統一中國。

音樂頌

音樂是世界的語言之花，
音樂是天使的聲音之花。

黃帝渡漳之歌戰勝蚩尤，
漢代短簫鐃歌戰勝匈奴，
唐代破陣之歌戰勝回紇。
東征北伐之歌戰勝軍閥，
剿匪抗戰之歌戰勝日共，
反共復國之歌戰勝俄共。
中華民族音樂震古鑠今，
三民主義之歌統一中國。

舞蹈頌

發抒內心情感，表現合群天性。
鍛鍊集體意志，激發國民美感。
發展民族倫理，弘揚民族文化。
發揚民族舞蹈，推展現代舞蹈。
涵泳舞蹈韻律，發揮革命文藝。

匯合反共力量，結成堅強陣容。
護衛中華文化，砥礪民族情操。
三民主義文化，統一中國文化。

兒童頌

我們是天真活潑的快樂兒童，
我們是三民主義的幸福兒童。
二十世紀是我們兒童的世紀，
二十世紀是三民主義的世紀。

康樂至上，幸福至上，行善至上。
福利第一，教育為先，行孝為首。
現代是兒童的時代，兒童的時代。
兒童是世紀的主人，世紀的主人。

清明頌

黃陵掃墓，紀念黃帝。

慎終追遠，祭祖敬祖。
民族道德，民族自信。
氣清景明，寒食三天。
民族傳統，優美風俗。
中華文化，民族復興。

中秋頌

詩情畫意，吃圓月餅。
悲憤壯烈，殺元韃子。
驅除韃虜，恢復中華。
驅除馬列，復興中華。

明月高照，中興華夏。
躍馬中原，光復大陸。
漢奸必亡，侵略必敗。
亡共在共，復國在我。

文藝頌

以文藝復興復興文化，
以三民主義統一中國。
用筆桿勝槍桿，以歌聲勝砲聲。
用銀幕破鐵幕，以舞台破砲陣。
發揚五四精神，發揚五四精神。

以三民主義統一中國，
以文藝復興復興文化。
人生就是文藝，生命就是創作。
文藝需要戰鬥，文藝需要革命。
發揚重慶精神，發揚重慶精神。

母親頌

母親，不朽的母親，
孟母三遷，陶母割髮。
母親的心，是兒女的天堂。
母德母愛，永垂不朽。
母德母愛，永垂不朽，
發揚孟母精神，發揚陶母精神。

母親，偉大的母親，
歐母畫荻，岳母刺背。
母親的愛，是上帝的化身。
母愛母教，永垂不朽。
母愛母教，永垂不朽。
發揚歐母精神，發揚岳母精神。

端陽頌

效法屈原，愛國詩人。
效法子胥，忠臣義士。
學習曹娥，孝女孝行。
驅逐馬列，復興中華。
文化復興，反共復國。

三民主義，統一中國。
一太中國，和平統一。
和平統一，中華共和。

重陽頌

九九重陽，敬老佳節。
九九重陽，敬老大會。
九九重陽，敬老尊賢。
九九登高，體育佳節。
九九登高，運動強身。
九九登高，運動強國。

教師頌

仁愛思想，人性出發。
天下為公，世界大同。
修齊治平，王道中庸。
立己立人，達己達人。
效法孔子，效法孟子。
中華文化，尊師重道。
有教無類，誨人不倦。
效法朱子，效法蔡子。
文化復興，反共復國。
三民主義，統一中國。

軍人頌

國民革命，建軍黃埔。
國父手諭，領袖領導。
東征北伐，統一中國。
剿匪抗戰，安內攘外。
抗日勝利，統一中國。
一太中國，和平統一。

反共抗俄，復興中華。
領袖領導，總統領導。
建設臺灣，光復大陸。
驅逐馬列，反共復國。
三民主義，統一中國。
太極中國，中華共和。

國慶頌

辛亥革命，武昌起義。
國父領導，國父領導。
光復中華，建立民國。
國家興亡，人人有責。
反共復國，人人有責。

慶祝國慶，全國歡欣。
領袖領導，總統領導。
雙十國慶，中華復興。

五權憲法，光復大陸。
三民主義，統一中國。

文化復興頌

三民主義，救國主義。
民族獨立，民權平等。
民生樂利，道統文化。
中華文化，復興復興。

三民主義，愛國主義。
民族倫理，民權民主。
民生科學，倫理文化。
中華文化，復興復興。

三民主義，建國主義。
民族民有，民權民治。
民生民享，民本文化。

中華文化，復興復興。

華僑頌

華僑為革命之母，
革命之母是華僑。
國父革命起海外，
興中會址設檀島。
僑胞是反共主力。
僑胞是復國動力。

華僑為革命之母，
革命之母是華僑。
中國華僑三千萬，
犧牲奮鬥居海外。
僑胞是海外長城。
僑胞是愛國功臣。

光復頌

八年血戰，日本投降。
抗戰勝利，臺灣光復。
開羅會議，重回祖國。
毋忘在莒，憂勞興國。
復興基地，復國中堅。

自由燈塔，民主堡壘。
民族碉堡，民生長城。
輝煌歷史，光榮使命。
五權憲法，光復大陸。
三民主義，統一中國。

國藝頌

民族仁愛，革命武德。
慷慨奮鬥，合群互助。
言行一致，樂觀無畏。

冒險創造，積極負責。
求精求實，雪恥復國。
獻身殉國，成功成仁。
領袖手諭，實踐力行。

勞動頌

勞動神聖，自由勞工。
勞工神聖，自強勞工。
工作八時，努力生產。
教育八時，發奮學習。
休息八時，養精蓄銳。
以廠為家，以廠作校。

保障人性，人性尊嚴。
啓發人性，人性神聖。
發揮人性，人性光輝。
同心同德，互存互榮。

一心一德，生產報國。
以廠為家，以廠作校。

航海頌

海上光榮，航海事業。
海國思想，發展航業。
效法鄭和，效法鄭森。
海權國家，建設航業。
奮鬥創造，冒險遠征。

海運國家，海上雄風。
堅苦卓絕，繼往開來。
三洋四海，乘風破浪。
同舟共濟，萬眾一心。
青天白日，榮耀海洋。

憲政頌

護憲聖戰，反共復國。
國家憲法，民權保證。
國家主權，國民全體。
國家命運，國民整體。
國家法統，國民福祉。

憲法之治，民有民治。
憲政之光，民享民主。
民主長城，自由燈塔。
五權憲法，光復大陸。
三民主義，統一中國。

農民頌

播種三民主義的種子，
歌頌農業復興的曲子。
耕耘機開創民生大道，

收穫機豐收農產成果。
犁畫反共復國的藍圖，
劍誦勤儉建國的詩歌。
我們是臺灣八萬農業大軍，
我們是中國農業建設大軍。

家園頌

家園風景任我們來賞，
家園樂趣由我們來享。
地主田地由我們來領，
公有田地給我們來放。
廣大田地由我們來種，
低微地價由我們來還。
快樂歌曲由我們來唱，
幸福歌詞由我們來哼。
民生大同由我們來創，
農業大軍由我們來養。

山河頌

山河日夜思念的山河，
山河日夜嚮往的山河。
那萬里長城萬里長啊！
那萬里黃河萬里長啊！
那萬里長江萬里長啊！
那鄱陽洞庭的漁歌風帆，
那北海西湖的畫廊遊舫，
那崑崙敦煌的玉雪石雕。
那錦繡山河永遠難忘啊！
中華錦繡山河我是主人，
中華錦繡山河我是主人，
祖國祖國我將凱歌歸來！
祖國祖國我將凱旋歸來。

漁民頌

我漁民，駕漁船。

由臺灣，到澎湖。
一雨衣，一漁網。
尋魚群，順暖流。

海水碧，白雲悠。
星月明，燈塔亮。
菊滿島，酒滿甌。
天倫樂，樂優遊。

農工商大軍頌

我們中國是以農立國，
農人是農業社會的主人。
我們中國是以工建國，
工人是工業社會的主人。
我們中國是以商富國，
商人是商業社會的主人。
我們大家都是時代主人，

我們大家都是國家功臣。
我們是中國的生力軍，
我們是國家的三大軍。

國民精神總動員歌

我們精神總動員，我們精神齊武裝。
國家至上，民族至上，反共復國。
軍事第一，勝利第一，反攻復國。
意志集中，力量集中，雪恥復國。
我們精神總動員，我們精神齊武裝。
在　蔣總統領導下，
以三民主義，來統一中國。
在　李總統領導下，
完成三民主義，統一中國使命。
完成三民主義，統一中國使命。

唱我愛唱的歌

我的歌是晨鐘，
我的歌是暮鼓，
是教堂塔頂的鐘聲，
是廟宇鼓樓的鼓聲，
傳遍那沉醉的城市，
拍醒酣睡中的人們，

我的歌是戰鼓，
我的歌是號令，
如飛彈飛揚在戰場，
如戰旗飄揚在戰地，
激勵我全國同胞們，
粉碎惡人統戰陰謀。

譜我愛譜的曲

我的曲是聖火，
如岳飛的滿江紅。

我的曲是聖劍，
如文天祥的正氣歌。
殲滅千千萬萬的敵人，
擎起千秋萬世的國魂。

我的曲是天馬，
如萬里長城萬里長，
我的曲是天使，
如萬里長江萬里長，
傳播三民主義的福音，
廣播永生不朽的天聲。

黃埔禮讚

黃埔精神，三民主義，
親愛精誠，三大精神，
革命的黃埔，革命的精神。

黃埔軍魂，五大信念，
反共怒潮，反攻主力，
復國的先鋒，建國的中堅。

黃埔健兒，國軍瓌寶，
主義鬥士，國家干城，
領袖的子弟，民族的長城。

黃埔英豪，文武合一，
反共志士，革命鬥士，
復國的忠貞，建國的英雄。

黃埔月刊　周濟

醒獅

童話城

童話城多美，
童話城多夢。

看呀！
我們出發啦！
小火牛群，衝出了莒城，
小天馬群，衝出了即墨，
小天使群，衝進了童話城。

聽喲！
我們的童謠，
安徒生的童話城在歌唱，
楊喚的兒童詩在歌頌，
童話詩的建築多雄偉，
歌德詩的建築多壯麗。

想吧！
美麗童話城。
童話城中的白馬王子，好帥！
童話城中的白雪公主，好美！

遊吧！

六福村野生動物園，
林煥彰的兒童詩城，
逛逛中國的黃石公園，
遨遊中國的狄斯奈樂園，
做做科倫布的美夢，
做做麥哲倫的甜夢。
心願兒童都來看我，
心願兒童都來想我，
心願兒童都來夢我。

瞧啦！
詩畫天鵝湖，
天鵝湖的天風湖鏡，好亮！
天鵝湖的芭蕾溜冰舞，好棒、好棒！

參觀台

醒獅

古木古樸，古色古香，
原始風貌瞭望台，
瞭望大漠綠州，
參觀野生動物，
風吹草低，看羚羊，斑馬，
風吹沙起，見駝鳥，駱駝。
草食動物，低頭吃草，
猛獸動物，昂首闊步，
奔馳於大漠晨曦，
馳騁於草原黃昏，
朝朝迎朝陽，暮暮送晚霞。

遊園車

大地璇宮。
草原遊龍，
駛進綠色的樂園。
騎斑馬式的遊園車喲，
乘圖案式的遊覽車喲，

走入安徒生的童話城，
去逛逛狄斯奈樂園，
駕駛員是個白馬王子，
導遊小姐是個白雪公主，
白雪公主打開話匣子，
講解美麗奇妙的童話故事，
朗誦優美動人的兒童詩。
高歌梅花愛國歌曲！

管制塔

高矗雲霄，
飛入雲天，
似愛菲爾鐵塔，
似鵝鑾鼻燈塔，
守塔的人兒，
守著星星，
守著月亮，
守著太陽，
守護你我。

珠雞

擅長圖案畫的畫家，
喜愛珠寶的採珠者，
晨畫朝陽，
晚畫晚霞。

紅鶴

白鶴的姊妹花，
白鷺的姊妹鳥，
踩著高蹺，
篩著美酒，
醉酒乾杯，
滿面春風。

白鶴

朱鷺是姊姊，
白鷺是妹妹，
夏季北回，
冬季南歸，
啣來一枝春，
帶來春的信息。

鴛鴦

如鳳如凰，
似英雄似美人，
時勢造英雄，
上帝造美人，
美人造和平，
江山可改，
恩愛不移，
只羨鴛鴦，
不羨仙。

冠鶴

頭戴皇冠，
身披彩羽，
昂首闊步，
遊吟大陸。
手擎離騷，
翼舉楚辭，
頭戴桂冠，
三閭大夫啊！
行吟澤畔。

鴕鳥

原來是個雲天的飛行家，
現在是個大漠的行軍家，
心有成竹，腹存鑽石，

一步七十公里，專長機動戰略，
抬頭挺胸，勇往邁進，
運動戰的能手。

天鵝

天鵝湖的主人，
大洋州的遊俠，
雙雙的白天鵝，
對對的黑天鵝，
泳姿優美，
舞姿優雅，
春滿天鵝湖，
夏滿天鵝湖，
詩情畫意，
畫意詩情。
「天鵝倆
上山坡，
一搖一擺叫親親；
不吃蝦？
不吃魚？
原來鵝兒吃長齋？」

樹鴨

天鵝湖的鴨隊伍，
天鵝群的親密伙伴，
結伴而行，合群而居，
江南春暖鴨先知，
大漠秋涼鴨先知。

鸕鷀

喙如箭，
蹼如槳，
是標準潛水專家，

是內行捕魚漁翁。

環頸雉

搖動諸葛羽扇，金聲高唱，
唱著亞洲童謠，歌唱黎明。
戴著抗戰勝利的花環，
打著中國白領帶，
圍著唐漢的圍巾！
漫遊朝鮮雪國，
傲遊臺灣原野。

鵜鶘

江湖游俠，
撈魚豪傑，
長個牛哥畫的牛伯伯的下巴，
到處吃吃喝喝，
各地玩玩樂樂，

今朝有酒，今朝醉，
今天的活，今天幹。

鸚鵡

穿藝術師的大禮服，
學著愛的語言歌唱，
一板一眼，真幽默，
表演雙簧，更風趣。
一對對，一雙雙，
卿卿我我，我我卿卿。

秘書鳥

終身忙碌奔波。
犧牲奉獻，
奉獻犧牲。
長于懈行文，
專攻蛇蛙肉，

乃捉蛇勇士，
是捕蛙專家。

野　羊

科西嘉，
拿破崙，真英雄，
「小野羊，真美麗，
身上穿著黃毛衣，
日夜都在青草地；
看你自由多快樂，
很想和你在一起」。
我想和你同遊戲。

黑　羚

印度黑羚，草原之玲，
富國島子民，海上蘇武，
頭頂雙節，飛躍大漠。

劍　羚

菲洲劍羚，草原之劍，
左擎千將，右擎莫邪，
菲洲節使，大陸蘇武。

角馬羚

似牛的頭兒，如馬的身體，
似羚的腿蹄，
是三不像大俠，
乃牛頭馬面神。

猴　子

「小猴兒，
真有趣，
學人樣，
很神氣；
會拉車，

會做戲，
還會戴帽穿花衣」。
猴年猴子最神氣。
小靈猴！
孫悟空最神氣，
齊天聖最神氣。

狒狒

南非草原的遊俠，
猴子的兄弟，
猩猩的家族，
爬樹的天使，
揮著長鞭，
奔騰森林。

麋鹿

高擎珊瑚的麗角，海樹。

春在高山鹿鳴，
冬在山谷鹿浴，
梅花鹿，梅花鹿，
鹿角，麝香，
珍藥，藥珍，
治病，病癒，
長壽，壽長。

長頸鹿

遠視似電動5字的偽裝網，
近看親切可愛的大吊車，
要吊起沉淪的大陸！
耳語遊客們：
必將彩雲梯，登陸網，
去登陸大陸，搶灘海灘。
攻打惠州城啦！
攻打山海關啦！

野牛

非洲野牛，
長滿臉鬍鬚，
這草原的鬍鬚客，
漫遊原野，悠遊大陸。

犀牛

遠觀是個戰車推土機，
近看是個陳咬金的銅鍾。
慢吞吞在泥中打滾，
慢悠悠地傲遊非洲草原。

小馬

英國小馬，
王孫坐騎，
做白馬王子的夢，
做白雪公主的夢。
金門小馬，
金鴛鴦馬，
嚐新郎味，
嚐新娘味，
夢夢可愛，
味味無窮。

駱馬

美洲駱駝，
形似羊，
象如驢，
性如駱駝，
是長行軍的龍駒！

斑馬

非洲草原劍客，
疾風迅雷，風馳電製，

飄忽草原，保護色的斑紋圖案，
擋在遊覽線上，
畫成禁止通行的斑馬線。

大象

非洲大象，
水龍的長長鼻子，
風扇的大大耳朵，
長虹的彎彎象牙，
擎舉玉笏，
紀錄動物的遞嬗史，
彫塑乾坤的旋轉律。

獵豹

大陸獵豹，
圖案的創造者，
捷豹，金錢豹，
一步一二〇公里，
機動奇襲的專家與猛士。
金門大捷的金門之豹！

老虎

孟加拉虎，是夜老虎，
是草原的夜遊俠，
晝伏夜起，早靜晚動，
風虎風虎，呼風喚雨。
奇襲機動，金門大戰，
出奇制勝，金門大捷，
金門之虎，金門之虎。

棕熊

阿拉斯加棕熊，
絕非北極熊，
喜歡游泳運動，

愛好戲水表演，
冬季穴居地洞，
享受冬眠的安樂。
萬聲砲吼，金門大捷。
一聲春雷，金門之熊！

醒獅

似睡著又是醒著，如醒了又如睡了，
長于游泳及善於爬樹，
游過臺灣海峽，
爬上崑崙山！
吼醒長江黃河！拍醒長城！
叫醒五湖四海！喚醒天安門！
獅子喲，醒獅，
中國的象徵，中華的瑞獅，
臺灣的象徵，中華的瑞獅，
是睡獅，是醒獅！

白獅

小白獅，大吉祥，
四月四日兒童節誕生！
小銀獅，祿福禧壽！
頂著青天白日而來，
擎著神話而來，
來自庚申年的猴年，
降自猴年的自強年，
自強年的小白獅，
獅年的小幼獅！

兔子

紅寶石的眼睛，
長吉貝的耳朵，
前腿短，善爬，
後腿長，善跳。
爬山快，上山易，

下山慢，下山難。
「兔兒後腿長，
站著拜四方；
兔子耳朵長，
　最愛看月亮」。

天鷹

翱翔藍天，
鵬飛碧雲，
俯視大地含笑，
聆聽河山怒吼，
計劃樂園藍圖，
設計復國藍圖。

動物醫院

動物的保養廠，
二三級的保養醫院，
動物醫生，誠心醫療，
動物護士，熱心看護，
主動醫療，發揮仁心，
自動保護，發揮愛心。
六福動物有福了，
祿福動物有福了。

泰山之家

人猿泰山，飛奔森林，
小小泰山，自由飛行，
林木盪繩，快樂融融，
圓頂茅舍，春暖夏涼，
原始建築，現代享受。
萬靈泰山，森林之王，
泰山之家，森林之宮。

中華文化復興節　70.11.12.定稿

龍馬交響曲

東京洛陽巍巍中原文化中心，
中華之神都，
西京西安峨峨世界文化中心，
絲路之京都，
南京金陵嶽嶽國際文化中心，
中國之首都，
北京燕京巍峨世界文化中心，
奇妙之大都，
中京臺北峨巍中華文化中心，
神奇之海都。
中華民族和平統一，中華民族和平團結，
中華民國戰勝日本，中華民國永建和平。
龍馬愛國，龍馬建國，龍馬復國。
龍吟馬嘯，演奏龍馬交響之樂章。

戰時之中華民國廿五年八月廿七日，院長　連戰先生誕生于歷史名城陝西西安。
臺灣通史史學家連橫老先生命名連戰。
為國而戰，為民而戰，戰勝日本。
永遠和平，永建和平，永享和平。
民國卅年，讀于西安作秀小學，

民國卅三年，讀于重慶南山小學，
國家至上，民族至上，建國必成。
軍事第一，勝利第一，抗戰必勝。
意志集中，力量集中，抗戰建國。
血戰八年，日本投降。中國捷克日本，
抗戰勝利，臺灣光復。南京重慶成都。
民國卅四年，父親連震東先生，回臺
接管，
民國卅五年，母親趙蘭坤女士，由川
返臺，
隨母返家鄉，讀于臺北日新國小畢業，
民國卅六年，直升成功初中，考入師
大附中。
阿戰！文藝戰，運動戰，能手。
阿戰！公關戰，交際戰，高手。
民國卅九年，讀于師大高中，
阿戰！K書戰，苦讀戰，妙手。

阿戰！苦拼戰，苦功戰，奇手。
民國四二年，讀于臺大政治系。
阿戰！禪定戰，禪詩戰，僧手。
阿戰！悟道戰，淨心戰，佛手。
民國四六年，服務政戰學校預官役，
法學學士從軍。
阿戰！思想戰，謀略戰，心理戰，旗
手。
阿戰！組織戰，情報戰，群眾戰，旗
手。
民國四八年，赴美芝加哥大學深造，
阿戰！外交戰，國公戰，碩士戰，強
手。
阿戰！政治戰，教授戰，博士戰，高
手。
民國五四年，博士與中國小姐方瑀結
婚。

阿戰！教席戰，搖籃戰，能手。
阿戰！執教戰，助學戰，賢手。
民國五五年，博士教學于美威斯康辛
大學。
民國五六年，博士執教于美康乃狄克
大學。
民國五七年，博士教授于臺灣大學政
治系。
民國五八年，博士教授出席聯合國大
會中國團顧問。
民國五八年，參加國防研究院十一期
受訓研究國防。
民國五九年，博士榮膺第八屆十大傑
出青年。
民國六三年，博士出任連雅堂基金會
董事長。
民國六四年，博士出任中國駐薩爾瓦
多共和國大使。
民國六六年，博士出任國民黨中央青
年工作會主任。
民國六七年，博士擢升國民黨中央委
員會副祕書長。
民國六八年，任總統經國先生特使訪
拉丁美洲六國。
民國七十年，博士出任交通部長，全
力發展交通。
民國七三年，當選中國國民黨中央常
務委員為黨服務。
民國七六年，調升行政院副院長，為
國盡忠。
民國七七年，奉調外交部長，全心推
展務實外交。
全力推動重返聯合國運動！
民國七九年，調任臺灣省政府主席，

為民服務。
抗戰時期，穿草鞋走過，
光復時期，穿布鞋走來，
復興時期，穿皮鞋走來。
龍馬精神，龍門飛躍。
省政建設，群策群力，四大理念：
以民為主，依法行政，
求根務本，創新致遠。
龍馬精神，施政泉源：邁向！
富麗農村，文化均富，
城鄉均衡，行政革新。
龍馬精神，傳播活水：邁向！
勤訪基層，廣徵民意，
溝通民眾，重視輿情，
民情訴願，走入群眾。
輿情分析，民意測驗。
龍馬精神，龍門衝關：邁向！
便民利民，民眾至上，
電腦作業，環島鐵路網。

民國八二年，出任行政院長，精忠報
國。
龍馬精神，莊嚴使命：邁向！
蓄積力量，經建計劃。
擴大力量，臺灣經驗。
發揮力量，六年國建。
龍馬精神，施政理念：邁向！
擴大視野，均衡發展，
尊重民意，政策前瞻。
團結和諧，中道治國。
政黨政治，經濟成長。
務本務實，依法行政。邁進！
龍馬精神，施政重點：邁向！
弘揚民主政治，推展務實外交。

強化國防力量，快速發展經濟。
開展大陸政策，推動國家建設。
振興教育文化，提高生活品質。
貫徹行政革新，厲行廉能政治。
擴大社會福利，健全財政金融。
忠愛中華民國，誠愛中華民族。

全方位的魄力，學者從政之典型，
龍馬精神，施政作風：邁進！
民主風度，團隊精神，
用人不疑，充分授權，
分層負責，充分協調，
統一指揮，全面合作。
三實作風，真實、務實、平實。
龍馬精神，施政成就：邁進新世紀。
全方位動員，國家現代化：
向現代化新藍圖：邁進、邁進！

自由開放的經濟體制，舒適安全之生活環境。
公平和諧的法治社會，精緻創新之文化科技。
廣受敬重的國際成員，加速國家之現代化。
向國家總體建設展望：邁進！邁進！
向政治建設：邁向，邁向！
健全政黨政治，落實地方自治。
提升選舉文化，加速行政革新。
改善人事結構，加速政治建設。
向外交建設：邁向，邁向！
強化友邦合作增進實質關係，
參與國際組織拓展活動空間，
加強對外援助克盡國際義務。
向經濟建設奮鬥：奮鬥！
促進經濟成長，推動經濟自由，

健全財政規劃，發展高科技業，
充實公共建設，永續利用資源，
維持充分就業，加速經濟建設。
向文教建設奮鬥：奮鬥！
加強教育與研發，
提升人力與素質，
豐富文化與休閒，加速文教建設。
向社會建設奮鬥！奮鬥！
均衡所得分配，
增進社會福利，
提高生活品質。加速社會建設。
龍馬精神，廿一世新希望：邁進！
高品質的民主，高效率之行政，
高科技的生產，高素質之生活，
高水準的建設。邁進！

民國八四年九月一日春雷新聞：

李總統登輝先生競選連任，
連戰先生競選第九任副總統。
全國竭誠擁護，邁進，邁進！
完成民主改革，開創政治新貌，
實踐主權在民，推動國家建設，
促進經濟繁榮，謀求全民福祉。
李總統讚美：盛讚：
連戰是適合的副總統人選！
忠誠勤篤，沈穩練達，
智慮精純，公忠體國。
龍馬精神，龍飛獅舞。
邁向三信念：奮戰！
為國盡忠，為黨盡心，為民盡力。
邁向三目的：奮戰！
國家進步，人民安樂，社會健康。
龍族的傳人！　龍族的傳人！
立言以政藝家精神，

立德以儒道家精神，
立功以政治家精神，
立德以宗教家精神，
立言以農經家精神。
邁向總體施政風格：奮戰！
保衛國家安全，改善兩岸關係。
建立廉能政府，落實社會福利。
持續經濟發展，健全財金秩序。
拓展務實外交，加強文教建設。
提升環境品質，維護公共安全。
重視婦幼青年，保障農漁勞工。
增進交通便利，加強國民保健。
創新科技發展，邁進人性化施政風格。
邁向「三務」施政態度：奮戰！邁向
「三求」行政作為：奮戰！

務本之態度，　求變的作為，
務實之態度，　求新的作為，
務行之態度。　求行的作為。
邁向五大目標：奮戰！
邁向四大信念：奮戰！
捍衛國家安全。　體察民情，
維護社區安靜。　回應民需，
加強社區安和。　保障民權，
增進家庭和樂。　增進民生。
保障人民安康。
邁向五大方向：奮戰！
大策略：促進經濟全面發展。
大魄力：建立自由安全社會。
大行動：建立廉能便民政府。
大格局：創新科技教育文化。
大眼光：經營兩岸國際關係。
全國和平奮鬥，

（百年來中國文學學術研討會簡要朗誦　周濟）

全民團結奮鬥，
全黨精誠奮鬥。
忠誠擁護！忠愛慶賀！
李登輝先生就任總統！
尊嚴、活力、大建設！
連戰先生就任副總統！
尊嚴、活力、大建設！
奮戰經營大臺灣，奮戰反共反臺獨！
奮戰建立新中原。奮戰復興新中國！
以三民主義統一中國！
手牽手！心連心！
以民主自由法治均富統一中國！
手牽手！心連心！
中華民國萬壽無疆！
中華民族萬壽無疆！
中國和平萬壽無疆！
世界和平萬壽無疆！

龍馬交響詩

龍馬精神，立德以文史哲學家的忠華
精神，
精神龍馬，立功以政黨政治家的忠義
精神，
龍馬精神，立言以農業經濟家的忠和
精神。

龍馬精神，立德以道德家的仁愛精神。
精神龍馬，立功以政治家的忠愛精神。
龍馬精神，立言以外交家的博愛精神。
龍馬精神，立德以儒道家的忠恕精神。

精神龍馬，立功以政治家的忠誠精神。
龍馬精神，立言以經貿家的忠仁精神。

全國軍民同胞跟隨，
李總統登輝先生前進！前進！
全國軍民同胞跟隨，
連副總統戰先生前進！前進！
全國軍民同胞跟隨，
院長蕭萬長先生前進！前進！

經營大臺灣，建立新中原，復興新中
國，

以民主、自由、均富、人權統一新中國！
太極中國，二儀中國，陰儀臺海，陽儀大陸。

中華民國在臺灣，中華文化萬壽無疆！
中華民國在大陸，中華民族萬壽無疆！
中華民國在海外，中華文明萬壽無疆！
中華民國在亞太，中華科藝萬壽無疆！
中華民國在國際，世界和平萬壽無疆！

（黃埔同學會　周濟朗誦）

民主交響曲

民主交響詩

恭賀首任民選李總統連副總統任職典禮

燦爛的五月，民主的禮讚，和平的鴿鵬。

龍族的中國心，鯨群的臺灣情，桃園的巨蛋愛，中華的大蛋熱。

旗海飄舞，普天同慶，人海歡笑，全民擁戴。

全球友邦元首，世界華僑菁英，臺澎金馬大陸代表。

金龍獻瑞，慶讚民主，醒獅呈祥，全民騰歡。

獻奏禮樂，鳴放禮砲，敲響自由鐘聲，喚醒和平之鴿，青春飛揚，樂旗飄揚。

生龍活虎，旗開得勝，幼獅少年，神轎出巡，

客家風情，山地情歌，鑼鼓喧天，雷虎衝天！

龍騰虎躍，三軍儀隊演藝，白日太極勝利競選標誌。

我們陸軍儀隊，象徵黃埔精神，象徵太極中國。

我們海軍儀隊，表演金馬精神，象徵白日中國。
我們空軍儀隊，表現筧橋精神，象徵青天中國。
白日太極勝利競選標誌，光輝萬仗長，
尊嚴活力大建設，光芒萬仗長。
地球村的喜訊，中華民國的喜愛之歌，
看百人管絃樂團伴奏，音樂雷鳴，
聽五百人合唱團歌唱，歌聲雷動，
演藝巨蛋音樂會，民主交響之樂章。
讚美，感恩頌歌，向上帝感恩之心聲，
尊嚴，威風凜凜進行曲，向全世界流傳！
活力，法櫃奇兵，活潑有力，電影主題曲，
九族，我們都是一家人，大家團結起來，相親相愛。
愛心，阮若打開心內的門窗，就有五彩的春光。
唐山，客家本色，克勤克儉，傳統美德，
華人，感恩的心，感謝命運，愛惜生命，
龍族，中華民國頌，經得起考驗，千秋萬世直到永遠。
國父，天下為公，選賢與能，講信修睦，世界大同。
樂聖，快樂頌，四海之內皆兄弟，邁向大同世界。
李總統就職演說是世紀性演說文獻：
描繪國政藍圖，速寫國家發展方向，
呼喚海峽兩岸，和平奮鬥，和平共榮。

祈禱和平之旅，引導中國人和平統一。
炎黃子孫，邁向希望光明的新境界，
中華民族，邁進主權在民的新時代。
中華民國，驕傲自信，宣告全球，
中國人，成功頂立于民主高峰，
中華人，力行民主制度，實踐民主政治。
中國人，擴展國際民主陣營，貢獻人類自由民主。
中華人，追求民主自由尊嚴之共同勝利。
歡呼！中華民族，民主勝利，光耀萬丈，
歡呼！臺澎金馬，民主聖地，光耀萬丈，
歡呼！中華民國，自由和平，光芒萬丈。

喝采！大家思考國家的未來，果斷而不猶豫。
喝采！大家捍衛民主的決心，堅定而不動搖。
喝采！大家面臨強權的威脅，鎮靜而不屈服。
順天應人，我們統治國家的權力，是屬於人民全體。
主權在民，我們統治國家的權力，不是個人，不是政黨。
我們要以新的決心，新的作為，開創新的時代。
五千年來民族興亡，民之所福，長在吾心，
一百年來國家憂患，民之所利，長在吾心，
五千年來國家分合，民之所欲，長在

我心，
我們是血肉相連的生命共同體。
我們是天下為公的世界大同體。
大家加速廣邀各界意見領袖，共商國是，
大家加快壯大國力，不分黨派，不分族群，同謀國計。
大家加力邀請德高望重，選賢與能，智慧群共謀國是。
我們提升民主運作，分享民主經驗，
我們推動憲政改革，淨化選舉文化，
我們強化廉能政府，改善社會治安，
我們調整生態，實踐政黨政治，
我們確保民主政治，發展自由經濟，
我們發展亞太營運中心，跨世紀的國家大建設。
我們營造自由化、國際化、經濟體系
……
大家邁向互利共榮的亞太新世紀。
大家致力內政革新，強化法治精神，建立終身學習制度。
大家熱愛鄉土，忠愛國家，養育國際視野，
大家生龍活虎，活躍地球村中，開拓國家前景。
大家匯合東西文化精華，融合成新中華文化，
大家來經營大臺灣，建立新中原！
我們重振家庭倫理，建立社區意識，
我們促進社會和諧，維護人格尊嚴，
我們關照弱勢團體，建立社會安全制度，
我們立足大陸海洋文化匯集點，發揚文化新中原精神。

兩岸雙贏，開創中國人幫中國人新局，
大家揚棄中國人打中國人的悲劇，
大家發揚中國人幫中國人的喜劇。
大家協助海外華僑，生存發展，
大家維護港澳地區的民主自由繁榮。
我們宏揚國際社會的肯定及尊榮，
我們發揚國際秩序中共同的信條：
我們講求民主，尊重人權，
我們崇尚和平，拋棄武力。
我們弘揚立國精神，宏揚務實外交。
我們發展兩岸雙贏，推展國家統一。
大家揚棄對立與仇恨及鬥爭，
大家拋棄歷史悲劇和鬧劇。
大家開創中國人幫中國人新局。
希望兩岸文化交流，多來作家，少來
飛彈。
盼望兩岸經貿交流，多來專家，少來
飛彈。
總統願訪中國大陸，祈禱和平之旅，
大家以和平寬容化解對立仇恨，
大家以堅忍自制取得和平安定，
大家以對談溝通解決兩岸問題，
大家以誠意耐心完成國家統一。
我們中華民族，沒有文化認同問題，
兩岸只有制度與生活方式之爭，主張
反臺獨路線，
我們中華民國，本來就是一個主權國
家。
只要國家需要，人民支持，願帶同胞
共識意志。
總統訪問中國大陸，從事和平之旅，
兩岸領導人和平會面，和平會談，確
保亞太和平。

二十世紀中國人的美夢成真，建設富
強康樂之新中國。
我們實踐孫中山先生主權在民的理想，
我們力行蔣中正先生民主憲政的理想。
和平奮鬥的中華民國，創造經濟奇蹟！
寧靜革命的中華民國，創造政治奇蹟！
西方人認為專制封建貧窮落後的中國
人，
中國人開創民主自由富足進步的新中
國。
中華民族的光榮是民主之光，中華民
族的榮譽是憲政之光。
廿一世紀中國人完成和平統一，廿一
世紀中國人希望世界和平。
尊嚴、活力、大建設！和平、民主、
大中華。
經營大臺灣，建立新中原。建設大中
華，開創新中國。
中華民族，大家跟隨：
李總統登輝先生前進！前進！民主自
由統一新中國。
連副總統戰先生前進！前進！和平均
富統一新中國。
中華民族萬壽無疆！
中華民國萬壽無疆！
三民主義萬壽無疆！
中國和平萬壽無疆！
亞太和平萬壽無疆！
世界和平萬壽無疆！

壽星交響曲

恭賀蔣公緯國上將八秩晉一嵩壽

壽星交響曲

國家祝壽會，全民慶壽會，龍族將軍！
立言以軍事家博愛精神，
立功以哲學家仁愛精神，
立德以道德家慈愛精神。

國家祝壽會，全民慶壽會，龍族將軍！
立言以文藝家愛美精神，
立功以科學家愛真精神，
立德以教育家愛善精神。

國家祝壽會，全民慶壽會，龍族將軍！
立言以儒學家忠恕精神，
立功以佛學家慈悲精神，
立德以道學家感應精神。

國家祝壽會，全民慶壽會，龍族將軍！
立言以和平家大同精神，
立功以慈善家和平精神，
立德以政治家濟世精神。

國家祝壽會，萬民慶壽會，龍族將軍！
立言以佛教家淑世精神，

立功以回教家清真精神，
立德以耶教家博愛精神。

祝壽交響曲，萬壽無疆：
中華民族萬壽無疆！
中華民國萬壽無疆！
中華文化萬壽無疆！
中華將軍萬壽無疆！
火牛將軍萬壽無疆！
三三將軍萬壽無疆！
中道將軍萬壽無疆！
緯國將軍萬壽無疆！
建鎬將軍萬壽無疆！
黃埔將軍萬壽無疆！
龍族將軍萬壽無疆！

（三軍軍官俱樂部分發）

和平交響曲

永懷和平神蔣緯國上將

和平的傳人！
立德以道德家的慈愛精神，
立功以軍事家的仁愛精神，
立言以革命家的博愛精神，
和平交響樂，聖樂不朽。

和平的傳人！
立德以儒學家的忠恕精神，
立功以政治家的忠愛精神，
立言以外交家的和平精神，
和平交響曲，聖曲不朽。

和平的傳人！
立德以倫理家的濟世精神，
立功以和平家的大同精神，
立言以哲學家的和平精神，
和平交響詩，聖詩不朽。

和平的傳人！
兩岸文化中華化，兩岸政治民主化，
兩岸經濟自由化，兩岸社會多元化，
兩岸外交和平化，兩岸教育國際化，

兩岸國防大同化，兩岸關係雙贏化，
和平交響曲，聖曲不朽。

和平的傳人！一個中國，是太極中國：
陰儀臺海，陽儀大陸。
是中道中華，是王道中華，
非一中一臺，非兩個中國。
非馬列中國，非共資中國。
是和平中國，是和統中國。
和平交響樂，聖樂不朽。
和平的傳人！
發揚　國父孫中山先生民主精神！
宏揚　軍父蔣中正先生憲政精神！
經營大臺灣，建立新中原，
復興新中國。
以民主自由均富和平人權和統中國。
中華民國在臺灣，中華文化萬壽無疆！
中華民國在大陸，中華民族萬壽無疆！
中華民國在國際，中華文明萬壽無疆！
中華民國在全球，世界和平萬壽無疆！

（三軍軍官俱樂部分發）
（空軍活動中心周濟三三聯會朗誦）

英雄交響曲

大家是中華民族的炎黃子孫，
大家是中華民國的裝甲英雄，
大家是三民主義的忠誠信徒，
大家是五權憲法的民主菁英。

龍族傳人！
人人是淞滬戰役抗日之裝甲英雄，
人人是南京戰役抗日之裝甲英雄，
人人是瓦魯班大捷之抗戰英雄！
人人是崑崙關大捷之抗日裝甲兵！
人人是延安大捷之反共英雄！
人人是金門大捷之反共英雄！

人人是八二三勝利之反共英雄！

龍族傳人！
我們立國以道德家精神，
我們立軍以軍事家精神，
我們立民以政治家精神，
我們立德以哲學家精神，
我們立功以兵學家精神，
我們立言以科學家精神，

龍族傳人！
大家跟隨，

李總統登輝先生前進！前進！
連副總統戰先生前進！前進！
以三民主義統一中國，
來經營大臺灣，
來建立新中原，
來復興新中國。
以自由民主均富和平統一中國。
中華民族萬壽無疆！
中華文化萬壽無疆！
中華民國萬壽無疆！
國際和平萬壽無疆！

（臺北國軍英雄館朗誦　周濟　86.3.1.）

諾貝爾交響樂

觀千禧年世界文學奇蹟，
聽諾貝爾文學獎華文作家，
立德以小說家仁愛精神，
立功以劇作家博愛精神，
立言以翻譯家信愛精神，
諾貝爾交響樂，聖樂不朽。

見千禧年世界文學奇蹟，
聞諾貝爾文學獎華文作家，
立言以藝術家人道精神，
立功以國畫家自由精神，
立德以藝評家和平精神，

諾貝爾交響樂，聖樂不朽。

看千禧年世界文學奇蹟，
聽諾貝爾文學獎華文作家，
立德以文藝家愛聖精神，
立功以詩歌家愛美精神，
立言以散文家愛善精神，
諾貝爾交響樂，聖樂不朽。

觀千禧年世界文學奇蹟，
聽諾貝爾文學獎華文作家，
立言以編劇家博愛精神，

立功以導演家和愛精神，
立言以禪劇家智愛精神，
諾貝爾交響樂，聖樂不朽！

恭賀全方位藝術家，
高行健文藝大師：
百年來中國文學學術研討會會友，
榮獲千禧年諾貝爾文學獎。

（臺灣大學文學院朗誦）
周雪齋於90.2.7.

高行健博士：
臺北市府、會議廳演講（二〇〇〇年二月三日）周濟朗誦
臺北電視、巴黎電視、北京電視、演播

救國交響曲

同學們！三民主義的信徒！
春雷的國防樂隊，樂聲雷動，
春電的陸軍樂隊，樂聲高昂，
春濤的海軍樂隊，樂聲悠揚，
春雲的空軍樂隊，樂聲嘹亮，
春風的警備樂隊，樂聲激昂，
春陽的聯勤樂隊，樂聲熊熊，
臺灣的交響樂團，樂聲澎澎，
同學們！反共救國的信徒！
以琴韻心聲，
擎琴！
以劍膽琴心，
擎劍！
演奏救國交響曲！
以三民主義統一中國！
黃埔的怒潮澎湃，
左營的怒潮澎湃，
崗山的戰雲飄飄。
鳳山的戰雲狂飆，
臺北的戰風嘯嘯，
臺中的戰馬嘯嘯，
復興崗的戰旗飄飄，
金馬臺澎的戰鼓隆隆！

三民主義統一中國的聖旗狂飆！

同學們！反共救國的信徒！
快快奔向黃埔潮，
快快游向黃埔潮，
接受黃埔軍魂的洗禮，
高舉黃埔精神的校訓，
歡迎黃埔健兒的瓌寶，
種植梅花精神的標竿，
迎接黃埔英豪的訓練。
錘鍊成國家的干城，
錘鍊成民族的干城，
磨鍊成革命的幼苗，
冶鍊成反共的志士，
演鍊成建國的英雄。
同學啊！
風雲狂飆，山河雷動，

鐵馬金戈，萬戰沙場，
縱橫掃蕩，復興中華，
親愛精誠，反共前鋒，
矢勤矢勇，必信必忠，
鋼盔戴方帽子，
中國陸權論的權威，
以三民主義統一中國的旗手！

同學們！三民主義的信徒！
來來游向左營潮，
來來游向料羅潮，
接受無敵艦隊的訓練，
學習海軍戰士的教育，
歡迎海軍健兒的學子，
學習科學驕子的武官。
教育成海戰的先鋒，
訓練成海上的長城，

磨練為義務的外交家，
鍛鍊為國民外交的志士，
錘鍊為國際的軍種鬥士。
同學啊！
萬里鵬程，乘風破浪，
雄視三洋，遨遊四海，
文韜武略，允文允武。
鋼盔戴方帽子，
中國海權論的權威，
以三民主義統一中國的旗手！
同學們！反共救國的信徒！
快快飛向筧橋潮，
快快飛向崗山潮，
接受筧橋軍魂的洗禮，
領受崗山風雲的浸禮，
高擎筧橋勇士的雄風，

擎起太空鑰匙的英雄，
教授太空主人的科技，
傳授空中騎士的戰法，
教練空中武士的戰術。
同學啊！
萬里長空，鵬程萬里，
凌雲御風，遨遊崑崙，
俯瞰太平洋雄風，
欣賞三江五嶽雄關，
無敵機群，筧橋勇士！
頭盔戴方帽子，
中國空權論的權威，
以三民主義統一中國的旗手！
同學們！三民主義的信徒！
快快奔向復興崗，
快快游向復興潮，

享受復興武德的洗禮，
接受復興文化的禮讚，
高擎文武合一的教育，
擎起軍政合一的政策，
高舉政教合一的制度，
舉起建教合一的精神，
實行知行合一的理則，
力行天人合一的哲理。

同學們！反共救國的信徒！
高擎革命的聖旗，
向大陸進軍！
高擎復興的聖旗，
向大陸進軍！
錘鍊成政治戰的旗手，
錘鍊為謀略戰的旗手，
鍛鍊成思想戰的旗手，
鍛鍊為組織戰的旗手，
磨鍊成心理戰的旗手，
磨鍊為情報戰的旗手，
訓練成群眾戰的旗手。
以三民主義統一中國的旗手！

同學們！三民主義的信徒！
高擎復興的聖火，
向大陸進軍！
高擎武德的聖火，
向大陸進軍！
鑄成三分軍事七分政治的碉堡，
鑄成三分敵前七分敵後的堡壘，
鑄成三分物理七分心理的長城，
鑄成三分直接路線七分間接路線的戰線，
鑄成黨政軍民的總體戰的聖劍，

向大陸進軍！
以三民主義統一中國。

同學們！反共救國的信徒！
巾幗英雄的隊伍，
花木蘭的隊伍，
真善美的隊伍，
花木蘭的隊伍，
智仁勇的隊伍，
戰盔戴方帽子，
天之嬌女，擎劍，
畫一朵朵的政治花蕾，
詩一朵朵的外交花朵，
畫一朵朵的新聞花香，
詩一瓣瓣的法律花瓣，
畫一束束的藝術花芬，
詩一束束的體育花芳，

畫一蕊蕊的影劇花蕊，
歌一曲曲的音樂花聲，
巾幗花木蘭的旗手。
美麗端莊的旗手，
以五權憲法光復大陸的旗手，
以三民主義統一中國的旗手！

同學們！三民主義的信徒！
快快奔向中正理工學院，
快快游向黃埔潮，
接受黃埔精神的洗禮，
迎接黃埔英豪的訓練，
效法國父革命的精神，
效法軍父革命的精神。
鍛鍊成革命軍人，
鍛鍊成革命工程師，
磨鍊成機械工程師，

磨鍊成化學工程師，
錘鍊成車輛工程師，
錘鍊成電機工程師，
冶鍊成土木工程師，
冶鍊成造船工程師，
鍛鍊成測量工程師，
鍛鍊成工業工程師，
磨鍊成系統工程師，
磨鍊成航空工程師。
錘鍊成建國的英雄，
錘鍊成復國的英豪。
鋼盔戴方帽子，
中國工程學的權威，
以三民主義統一中國的旗手。

同學們！反共救國的信徒！
快快奔向國防醫學院，
快快奔向濟世救人大道，
投入黃埔精神的浸禮，
投入黃埔革命的洗禮。
效法國父醫國醫人的精神，
效法軍父反共抗俄的精神。
錘鍊成革命軍官，
錘鍊成革命醫官。
錘鍊成生物形態學碩士，
錘鍊成生物物理學碩士，
錘鍊成生物化學碩士，
錘鍊成醫學生物形態學碩士，
錘鍊成社會醫學碩士，
鋼盔戴方帽子，
中國醫學的權威，
以三民主義統一中國的旗手。

同學們！三民主義的信徒！

快快奔向崇廉山莊，
快快奔向財經與革命大道，
接受黃埔革命的洗禮。
投入黃埔精神的浸禮，
效法國父主計財經思想，
效法憲父民主憲政精神。
鍛鍊成革命軍人，
鍛鍊成革命幹部。
鍛鍊成主計軍官，
鍛鍊成財務軍官，
鍛鍊成經理軍官。
鋼盔戴方帽子，
中國財經的權威，
以三民主義統一中國的旗手。
同學們！三民主義的信徒！
快快奔向中正預校，

快快奔向黃埔幼苗，
錘鍊成黃埔精神的繼承者，
錘鍊成左營精神的保持者，
錘鍊成筧橋精神的發揚者，
錘鍊成重慶精神的發揮者，
鋼盔戴準方帽子，
中國高中教育的權威，
以三民主義統一中國的旗手。
同學們！三民主義的信徒！
我們要有強大的三軍，才有強盛的國家，
我們要有強盛的國家，才有幸福的生活。
人人希望幸福的生活，個個獲得幸福的生活。
人人希望強大的三軍，個個加入強大

的三軍。
強大的三軍是優秀青年所組織而成的國軍。
優秀青年投入軍校是立業報國的最好途徑。
青年投考軍校是個人的光榮，是個人的榮譽，
青年投考軍校是家庭的光榮，是家庭的榮譽，
青年投考軍校是老師的光榮，是老師的榮譽，
青年投考軍校是母校的光榮，是母校的榮譽，
強大三軍需要有志的優秀青年，愛國的優秀青年，
優秀青年需要強大的三軍，加入強大的三軍。

同學們！三民主義的信徒！
我們是反共復國的　蔣經國先生的後起之秀，
信徒是反共建國的　李登輝先生的後起之秀。
我們是反共救國的李鍾桂先生的後起之秀，
信徒是反攻復國的伍世文將軍的後起之秀。
我們是萬軍復國的蔣仲苓將軍的後起之秀，
信徒是萬艦建國的劉和謙將軍的後起之秀，
我們是萬機復國的唐　飛將軍的後起之秀，
信徒是萬劍建國的霍守業將軍的後起之秀，

我們是萬戈復國的羅文山將軍的後起之秀，
信徒是萬馬建國的湯曜明將軍的後起之秀，
我們是反共復國的李元簇先生的後起之秀，
我們是海上長城的顧崇廉將軍的後起之秀，
我們是反攻大陸的黃耀羽將軍的後起之秀。
我們是光復大陸的連　戰先生的後起之秀。
同學們！三民主義的信徒！
快快奔向國防管理學院，
快快奔向國防資訊化，
接受黃埔精神的洗禮，
享受行政三聯制浸禮，
效法國父建國革命精神，
效法軍父建軍科學精神。
磨鍊成革命軍人，
磨鍊成管理幹部。
磨鍊成會計軍官。
磨鍊成統計軍官。
磨鍊成企管軍官。
磨鍊成電腦軍官。
磨鍊成動員軍官。
啓發自愛、自覺、自動精神，
促進親愛精誠、發揚革命情感。
鋼盔戴方帽子力，
中國動員的權威，
中國管理的權威，
以五權憲法光復大陸的旗手，
以三民主義統一中國的旗手！

同學們！三民主義的信徒！
人人是實踐三民主義的楨幹，
人人是光復大陸國土的前驅，
人人是復興民族文化的尖兵，
人人是堅守民主陣容的志士。

同學們！反共救國的信徒！
樂聲雷動，春雷的國防樂隊，
樂聲高昂，春電的陸軍樂隊，
樂聲悠揚，春濤的海軍樂隊，
樂聲嘹亮，春花的空軍樂隊，
樂聲狂飆，春陽的聯勤樂隊，
樂聲激昂，春風的警備樂隊，
樂聲澎湃，臺灣的交響樂隊，
同學們！三民主義的信徒！
以劍膽琴心，擎劍！
以琴韻心聲，擎琴！
來演奏救國交響曲！
以三民主義統一中國！
以民主自由均富統一中國。
（中華文化節76.11.12.初稿　周濟82.11.12.修正）

中華民國禮讚

中華民國，中華民國；
國父開國，領袖承業；
地大物博，文化優越；
五族親愛，四海一家；
珠江人靈，長江萬里；
黃河萬里，長城萬里；
五嶽三江，五湖四海；
白山黑水，蒙藏風雲；
臺灣寶島，復興基地；
中華民族，雪恥復國；
三民主義，統一中國；
天下為公，世界大同。

薪火相傳

以三民主義統一中國，
以文藝建設復興文化。
以文藝結合武藝，
以筆桿結合槍桿，
以歌聲結合砲聲，
以舞臺結合砲臺，
以劇場結合戰場，
以銀幕突破鐵幕，
以螢光幕突破竹幕，
發揚反共愛國精神，
發揚反共復國精神。
中國的經濟學臺灣，

大陸的政治學臺北。
中國的文化學臺灣，
大陸的文藝學臺北。
寫出我們勝利的樂章，
畫出我們建國的藍圖。

以文藝建設復興文化，
以三民主義統一中國。
以文藝真化人生，
以文藝善化人生，
以文藝美化人生，
以文藝聖化人生，
以文藝動員奮鬥，
以文藝碧血黃花，
以文藝武昌起義，
以文藝北平起義！
以文藝薪火相傳。
以武藝薪火相傳。
發揚抗戰建國精神，
發揚反共建國精神。
臺灣的前途在大陸，
大陸的希望在臺灣。
幹出我們的革命事業，
唱出我們的復國歌聲。

龍鳳交響樂

龍鳳的傳人！
立家以家政家之勤儉精神，
立業以企業家之創業精神，
立學以儒學家之忠恕精神。
龍鳳的傳人！
立德以道德家之仁愛精神，
立功以教育家之忠愛精神，
立言以儒教家之忠恕精神。
龍鳳的傳人！
立誠以宗教家之熱誠精神，
立愛以哲學家之熱愛精神，
立熱以藝術家之熱心精神。
龍鳳的傳人！
手牽手，心連心，愛連愛。
互助、互愛、互敬。
互諒、互忍、互信。
向才子佳人之道前進！
向英雄美人之道前進！
向龍鳳呈祥之道前進！
演奏龍鳳交響曲。

諾貝爾人道坑道

我們設計金門人道坑道，
我們計畫金東人道坑道，
我們執行金南人道坑道，
我們考核金西人道坑道，
我們改進金中人道坑道。

我們保衛金馬三十萬同胞，
我們保衛台澎三千萬同胞，
我們喚醒大陸十二億同胞，
我們喚醒全球五十億同胞。

國家圖書館出版品預行編目資料

諾貝爾交響樂 / 周濟（雪齋）著. -- 初版. --臺:
北市, 文史哲, 民 91
面： 公分
ISBN 957-549-452-0 (平裝)

851.486 91012228

諾貝爾交響樂

著　者：周　濟（雪　齋）
出版者：文　史　哲　出　版　社
http://www.lapen.com.tw
登記證字號：行政院新聞局版臺業字五三三七號
發行人：彭　正　雄
發行所：文　史　哲　出　版　社
印刷者：文　史　哲　出　版　社
臺北市羅斯福路一段七十二巷四號
郵政劃撥帳號：一六一八〇一七五
電話 886-2-23511028・傳真 886-2-23965656
實價新臺幣二二〇元
中華民國九十二（2003）年三月初版

ISBN 957-549-452-0